北京文化书系
创新文化丛书

中关村创新文化

中共北京市委宣传部
北京市社会科学院　　组织编写

赵弘 等 著

北京出版集团
北京出版社

图书在版编目（CIP）数据

中关村创新文化 / 中共北京市委宣传部，北京市社会科学院组织编写 ；赵弘等著. — 北京：北京出版社，2024.4（2024.11重印）

（北京文化书系. 创新文化丛书）

ISBN 978-7-200-18170-8

Ⅰ. ①中… Ⅱ. ①中… ②北… ③赵… Ⅲ. ①高技术园区—文化研究—海淀区 Ⅳ. ①G127.13

中国国家版本馆CIP数据核字（2023）第150461号

北京文化书系　创新文化丛书
中关村创新文化
ZHONGGUANCUN CHUANGXIN WENHUA

中共北京市委宣传部　　组织编写
北京市社会科学院

赵弘等　著

*

北 京 出 版 集 团
北 京 出 版 社　　出版

（北京北三环中路6号）

邮政编码：100120

网　　址：www.bph.com.cn

北京出版集团总发行
新 华 书 店 经 销
北京建宏印刷有限公司印刷

*

787毫米×1092毫米　16开本　15.5印张　214千字
2024年4月第1版　2024年11月第2次印刷
ISBN 978-7-200-18170-8
定价：68.00元
如有印装质量问题，由本社负责调换
质量监督电话：010-58572393；发行部电话：010-58572371

"北京文化书系"编委会

主　　　任　莫高义　杜飞进

副 主 任　赵卫东

顾　　　问　（按姓氏笔画排序）
　　　　　　于　丹　刘铁梁　李忠杰　张妙弟　张颐武
　　　　　　陈平原　陈先达　赵　书　宫辉力　阎崇年
　　　　　　熊澄宇

委　　　员　（按姓氏笔画排序）
　　　　　　王杰群　王学勤　许　强　李　良　李春良
　　　　　　杨　烁　余俊生　宋　宇　张　际　张　维
　　　　　　张　淼　张劲林　张爱军　陈　冬　陈　宁
　　　　　　陈名杰　赵靖云　钟百利　唐立军　康　伟
　　　　　　韩　昱　程　勇　舒小峰　谢　辉　翟立新
　　　　　　翟德罡　穆　鹏

"创新文化丛书"编委会

主　　编　赵卫东　赵　弘

顾　　问　文　魁　赵　毅　吴殿廷　沈湘平　张颐武

编　　委　（按姓氏笔画排序）
　　　　　王　立　方　力　石晓冬　伊　彤　杜德久
　　　　　李晓壮　杨　松　张　际　陆小成　陈　宁
　　　　　罗　植　赵继敏　唐立军　董丽丽　鲁　亚
　　　　　赖洪波

"北京文化书系"
序言

　　文化是一个国家、一个民族的灵魂。中华民族生生不息绵延发展、饱受挫折又不断浴火重生，都离不开中华文化的有力支撑。北京有着三千多年建城史、八百多年建都史，历史悠久、底蕴深厚，是中华文明源远流长的伟大见证。数千年风雨的洗礼，北京城市依旧辉煌；数千年历史的沉淀，北京文化历久弥新。研究北京文化、挖掘北京文化、传承北京文化、弘扬北京文化，让全市人民对博大精深的中华文化有高度的文化自信，从中华文化宝库中萃取精华、汲取能量，保持对文化理想、文化价值的高度信心，保持对文化生命力、创造力的高度信心，是历史交给我们的光荣职责，是新时代赋予我们的崇高使命。

　　党的十八大以来，以习近平同志为核心的党中央十分关心北京文化建设。习近平总书记作出重要指示，明确把全国文化中心建设作为首都城市战略定位之一，强调要抓实抓好文化中心建设，精心保护好历史文化金名片，提升文化软实力和国际影响力，凸显北京历史文化的整体价值，强化"首都风范、古都风韵、时代风貌"的城市特色。习近平总书记的重要论述和重要指示精神，深刻阐明了文化在首都的重要地位和作用，为建设全国文化中心、弘扬中华文化指明了方向。

　　2017年9月，党中央、国务院正式批复了《北京城市总体规划（2016年—2035年）》。新版北京城市总体规划明确了全国文化中心建设的时间表、路线图。这就是：到2035年成为彰显文化自信与多元包容魅力的世界文化名城；到2050年成为弘扬中华文明和引领时代潮流的世界文脉标志。这既需要修缮保护好故宫、长城、颐和园等享誉中外的名胜古迹，也需要传承利用好四合院、胡同、京腔京韵等具有老北京地域特色的文化遗产，还需要深入挖掘文物、遗迹、设施、景点、语言等背后蕴含的文化价值。

组织编撰"北京文化书系"，是贯彻落实中央关于全国文化中心建设决策部署的重要体现，是对北京文化进行深层次整理和内涵式挖掘的必然要求，恰逢其时、意义重大。在形式上，"北京文化书系"表现为"一个书系、四套丛书"，分别从古都、红色、京味和创新四个不同的角度全方位诠释北京文化这个内核。丛书共计47部。其中，"古都文化丛书"由20部书组成，着重系统梳理北京悠久灿烂的古都文脉，阐释古都文化的深刻内涵，整理皇城坛庙、历史街区等众多物质文化遗产，传承丰富的非物质文化遗产，彰显北京历史文化名城的独特韵味。"红色文化丛书"由12部书组成，主要以标志性的地理、人物、建筑、事件等为载体，提炼红色文化内涵，梳理北京波澜壮阔的革命历史，讲述京华大地的革命故事，阐释本地红色文化的历史内涵和政治意义，发扬无产阶级革命精神。"京味文化丛书"由10部书组成，内容涉及语言、戏剧、礼俗、工艺、节庆、服饰、饮食等百姓生活各个方面，以百姓生活为载体，从百姓日常生活习俗和衣食住行中提炼老北京文化的独特内涵，整理老北京文化的历史记忆，着重系统梳理具有地域特色的风土习俗文化。"创新文化丛书"由5部书组成，内容涉及科技、文化、教育、城市规划建设等领域，着重记述新中国成立以来特别是改革开放以来北京日新月异的社会变化，描写北京新时期科技创新和文化创新成就，展现北京人民勇于创新、开拓进取的时代风貌。

为加强对"北京文化书系"编撰工作的统筹协调，成立了以"北京文化书系"编委会为领导、四个子丛书编委会具体负责的运行架构。"北京文化书系"编委会由中共北京市委常委、宣传部部长莫高义同志和市人大常委会党组副书记、副主任杜飞进同志担任主任，市委宣传部分管日常工作的副部长赵卫东同志担任副主任，由相关文化领域权威专家担任顾问,相关单位主要领导担任编委会委员。原中共中央党史研究室副主任李忠杰、北京市社会科学院研究员阎崇年、北京师范大学教授刘铁梁、北京市社会科学院原副院长赵弘分别担任"红色文化""古都文化""京味文化""创新文化"丛书编委会主编。

  在组织编撰出版过程中,我们始终坚持最高要求、最严标准,突出精品意识,把"非精品不出版"的理念贯穿在作者邀请、书稿创作、编辑出版各个方面各个环节,确保编撰成涵盖全面、内容权威的书系,体现首善标准、首都水准和首都贡献。

  我们希望,"北京文化书系"能够为读者展示北京文化的根和魂,温润读者心灵,展现城市魅力,也希望能吸引更多北京文化的研究者、参与者、支持者,为共同推动全国文化中心建设贡献力量。

"北京文化书系"编委会

2021年12月

"创新文化丛书"
序言

习近平总书记指出,"文化是一个国家、一个民族的灵魂","创新是一个国家、一个民族发展进步的不竭动力"。深入把握创新文化发展规律,积极推进创新文化体系建设,激发全民族创新的热情和活力,为实现中华民族伟大复兴中国梦凝心聚力,是全面建设社会主义现代化强国的战略支撑,是实现中华民族伟大复兴宏伟蓝图的精神追求。

党的十八大以来,北京市委市政府坚决贯彻习近平总书记对北京一系列重要讲话精神,深入落实习近平总书记关于社会主义文化建设的重要论述,坚决扛起建设全国文化中心的职责使命,不断深化首都文化的内涵的认识,集中做好首都文化这篇大文章。首都文化主要包括源远流长的古都文化、丰富厚重的红色文化、特色鲜明的京味文化和蓬勃兴起的创新文化。做好首都文化建设这篇大文章,就要把上述四种文化进一步挖掘并弘扬光大。

在北京四种文化中,创新文化是富有时代感,与新时代首都发展联系紧密的一种文化形态。北京的发展史也是以创新文化为内核的城市发展史,是贯穿于不同时期、不同领域、各个方面创新实践活动之中的底蕴和精神内核,从而塑造出北京的首都风范、古都风韵和时代风貌的城市特色,缔造出首都独特的精神标识。进入新时代,放眼世界,面向未来,以创新文化引领为先导,以实现中华民族伟大复兴为己任,以高度文化自信,推动创新文化完善与弘扬,必将不断为新时代首都高质量发展开创新境界,提供新动力。

创新文化是在一定社会历史条件下，在创新实践中所形成的文化生态，以追求变革、崇尚创新为基本理念和价值取向，在促进资源高效配置中发挥着重要作用，主要包括有关创新的观念文化、制度文化和环境文化等。创新文化是以创新为内核的文化体系，为一切创新实践提供方向引领、精神动力和营造文化氛围。

北京创新文化深深根植于首都经济社会生活，她以创新理念引领新时代首都发展，以创新制度支撑新发展格局，以创新环境助力高质量发展，以创新成果促进人的全面发展。

"不忘本来才能开辟未来，善于继承才能更好创新。"北京这座历史文化名城是中华文明源远流长的伟大见证，历经3000多年建城史、860多年建都史，继承兼容并蓄的开放理念和进取精神，深厚的文化底蕴为北京创新文化的形成奠定了坚实的基础。新中国成立以来，从首都建设到首都经济，再到首都发展，北京始终坚持把传承和弘扬中华民族文化和建设全国文化中心有机统一起来，以悠久的北京地域文化为基础，涵容国内不同地域、不同民族的多样文化，吸收海外文化，特别是作为首都城市，在波澜壮阔的伟大实践中所形成的精神理念和价值追求，不仅具有开放包容和与时俱进的特征，更富有鲜明的使命担当和首善一流的特质。

使命担当是北京创新文化的固有特征。北京是伟大社会主义祖国的首都、迈向中华民族伟大复兴的大国首都、国际一流的和谐宜居之都，北京创新文化具有强烈的国家富强、民族复兴的使命感和责任感。北京创新文化始终把"四个中心""四个服务"作为定向标，自觉从国家战略要求出发谋划和推动发展，书写了从首都建设到首都经济，再到新时代首都发展的一幅幅辉煌篇章。

开放包容是北京创新文化的本质特征。在北京，传统文化与现代文化融合，东方文明与西方文明交汇，为北京注入更为丰富的创新文化内涵。中关村鼓励创新、支持创造、宽容失败，一大批高科技企业从这里走向全国、走向世界，成为北京创新文化的优秀代表。在经济全球化深入发展的大背景下，北京持续奋力深化国际交流合作，充分利用全球创新资源，在更高起点上推进自主创新。

时代引领是北京创新文化的重要特征。新中国成立初期，为彻底改变旧中国贫穷落后的面貌，北京提出"建设成为我国强大的工业基地和技术科学中心"的发展目标。改革开放初期，北京积极响应"科学技术必须面向经济建设，经济建设必须依靠科学技术"的方针要求，中关村成为中国科技创新发展的一面旗帜。新时代，北京迎接新一轮科技革命和产业变革浪潮，肩负建设国际科技创新中心重任，加快建设国际数字经济标杆城市，抓住"两区"建设重大历史机遇，为党和人民续写更大光荣。

首善一流是北京创新文化的独有特征。"建首善自京师始，由内及外"。首都工作历来具有代表性、指向性，善于在"首都"二字上做文章，始终把"建首善、创一流"作为工作标尺，先觉、先行、先倡，善于在攻坚克难上求突破，推动各项工作创先争优、走在前列、创造经验、发挥表率，努力创造多彩多样的首都特色的"优品""名品"。

北京是国家理念、制度、技术、文化创新发展主要策源地，集聚了国家级创新资源和平台。北京创新文化表现形态无比丰富，北京科技创新、城市规划建设创新、文学艺术创新、社会生活创新等领域的创新文化，是北京创新文化的重要体现，这些创新文化成果既来之于人民丰富多彩的创新实践，也得益于党和政府对创新文化的自觉建设和不懈培育。北京在创新文化培育建设中不断探索和积累，不仅善于从人民群众火热的创新实践中总结提升，更注重创新文化中的制度文化建设，注重营造鼓励创新、尊重首创的浓厚的文化氛围。

尊重首创是北京创新文化建设的首要原则。"历史是人民书写的，一切成就归功于人民"，北京在创新文化培育实践中，充分尊重人民群众的首创精神，最大程度汇聚人民群众的智慧，最大限度发挥人民群众在创新实践活动中的能动作用，将不同时期人民群众在创新实践活动中形成的创新文化予以总结、提炼和升华，形成人民群众喜闻乐见和自觉践行的文化理念和文化价值。

与时俱进是北京创新文化建设的基本要求。北京在培育创新文化实践中，始终紧扣时代发展的脉搏和国家发展的需求，与民族复兴、社会发展同频共振，积极主动承当攻坚克难重任，发力代表未来发展方向、有利于社会进步的重大创新实践活动，回应时代需求、满足人民需要。

制度保障是北京创新文化建设的重要支撑。北京在创新文化培育实践中，既注重将人民群众创新实践中的好做法、好经验制度化，使其在更大范围、以更稳定的制度形式促进和保护创新实践，更重视调查研究、重点突破制约创新实践活动的痛点、难点，在体制机制上改革创新，形成适宜于创新的制度体系，为创新实践提供动力和保障，让各项创新事业都有章可循、有法可依。

环境营造是北京创新文化建设的重要抓手。北京在创新文化培育实践中，始终以"营造一流创新生态，塑造科技向善理念"为目标，聚集全球人才、资本、技术等创新要素，健全激励、开放、竞争的创新生态，让每一个有创新梦想的人都能专注创新，让每一份创新活力都能充分迸发，为新时代首都高质量发展贡献聪明才智。

历史的北京是创新融入血脉、化为基因的文明之城；今天的北京是富有创新优势、创新实力、创新潜质的活力之城；未来的北京，是在创新引领中迈向中华民族伟大复兴的大国首都，在迈向中华民族伟大复兴进程中实现创新引领的光荣之城。

二

北京的创新文化根植于首都丰富多彩的创新实践。回顾北京创新文化的发展历程，创新文化与首都建设、首都经济和首都发展阶段的中心任务紧密联系，在促进发展的同时，形成了不同阶段创新文化的鲜明特色和亮丽成绩。

新中国成立伊始，为保卫新生政权，中国必须在较短的时期建立完整的国防体系和工业体系，由此国家确立优先发展重工业的战略。

北京加快工业项目建设步伐，建成酒仙桥电子城等六大工业基地，全力支持"两弹一星"攻关，取得一系列国防科技重大突破。北京创新文化中使命担当的精神内核正是在这个时期更加凸显出来。在这个时期，一大批科学家和首都广大建设者们以忘我的精神，艰苦奋斗，艰苦创业，体现出热爱祖国、无私奉献的爱国情怀；也是在这个时期，钱学森等一批海外爱国学子冒着生命危险辗转归国，投身新中国伟大的事业，体现出强烈的赤子情怀和爱国精神。

改革开放伊始，邓小平提出科学技术是第一生产力，开启了科技创新的新时代。"知识就是力量"成为时代信仰，"尊重知识、尊重人才"为创新文化营造了良好的发展环境。这一时期，国家提出面向经济建设的追赶战略，北京也开始积极探索经济转型之路。作为首都和全国政治中心、文化中心，北京从自身优势出发，紧抓实施"科教兴国"国家战略与"首都经济"城市发展的重大机遇，充分发挥文化、科技、教育、人才等优势，调整和限制工业结构，大力发展第三产业和高新技术产业。在这个时期，一大批科研工作者纷纷下海创业，在中关村创立了首批民办科技企业，以"勇于突破、敢为人先"的创业精神，推动中关村由"电子一条街"向北京市新技术产业开发试验区发展。中关村也成为我国科技园区建设的开拓者、先行者。此后，一大批海外留学归国人员归国创业，新浪、搜狐、百度等一批科技企业应运而生，北京发展成为全国高技术创新创业高地，鼓励创新、宽容失败、包容开放的创新文化氛围日益浓厚。

党的十八大以来，习近平总书记多次视察北京并发表重要讲话，要求北京坚持"四个中心"城市功能定位，回答好"建设一个什么样的首都，怎样建设首都"这一重大时代课题，为新时代首都发展提供了遵循。北京认真落实习近平总书记一系列重要讲话精神，以创新理论推动创新实践，以创新精神驱动创新发展，高水平编制《北京城市总体规划（2016-2035）》，以创新的规划引领首都未来可持续发展，以创新理念回答新时代首都高质量发展中所面临的挑战。具体包括以下几方面。

加强"四个中心"功能建设、提高"四个服务"水平。十八大以来，北京以创新驱动为引领，加快形成国际科技创新中心，发挥"三城一区"主平台作用，加强三个国家实验室、怀柔综合性国家科学中心、中关村国家自主创新示范区建设，逐步形成世界主要科学中心和创新高地。同时围绕"一核一城三带两区"总体框架，深化全国文化中心建设，文化事业和产业蓬勃发展，文化软实力和影响力不断提升。

主动服务和融入新发展格局，推动经济高质量发展。近年来，北京发挥科技创新优势，巩固完善高精尖产业格局，前瞻布局未来产业，培育具有全球竞争力的万亿级产业集群。同时，以制度创新为核心，高标准推进"两区"建设。坚持数字赋能产业、城市、生活，实施智慧城市发展行动，建设全球数字经济标杆城市，打造引领全球数字经济发展高地。以供给侧结构性改革创造新需求，加紧国际消费中心城市建设。坚持"五子"联动融入新发展格局，将"两区"建设、国际科技创新中心建设和全球数字经济标杆城市建设有机融合，扎实推动高质量发展。

紧抓疏解非首都功能这个"牛鼻子"、促进京津冀协同发展。北京不断进行制度创新，深入开展疏整促治理提升专项行动，高水平建设城市副中心，扎实推进国家绿色发展示范区、通州区与北三县一体化高质量发展示范区建设，疏解非首都功能取得重要进展，成为全国首个减量发展的城市，环境质量明显改善，大城市病治理取得积极成效，京津冀协同发展迈出坚实步伐。

持续推动北京绿色发展。北京以科技创新和理念创新为抓手，全面推进绿色低碳循环发展，大力发展绿色经济，倡导简约适度、绿色低碳生活方式。持续开展"一微克"行动，深化国家生态文明建设示范区、"两山"实践创新基地创建，强化"两线三区"全域空间管控，完善生态文明制度体系。

不断提升首都城市现代化治理水平。北京以民生和社会领域改革创新为切入点，将"七有""五性"作为检验北京社会工作的标尺，以"接诉即办"改革为抓手,及时回应民众诉求,提升基层治理水平,探索形成以接诉即办为牵引的超大城市治理"首都样板",不断增强人民群众的获得感、幸福感和安全感。

三

北京创新文化不仅根植于不同时期首都创新发展的生动实践,同时也体现在首都发展的方方面面。本丛书从丰富的北京创新文化中选取了科技、文学艺术、城市规划建设、社会生活等领域的创新文化实践,从更鲜活更生动的视角反映北京创新文化的不同侧面。

科技创新领域所体现的创新文化最能够体现北京创新文化的本质特征。北京的科技创新理念从建国初期的"自力更生,军民兼顾"到改革开放时期的"敢为人先,科技与经济结合",再到新时代的"创新驱动,高质量发展",始终随着国家大政方针和科技战略的演进,以及北京自身发展的需要而不断发展,由此形成了特有的北京科技创新文化。中关村创新文化是北京科技创新文化的典型代表。中关村始终站在我国改革开放的潮头,是我国科技创新的领头羊,也是我国体制机制创新的试验田,是中国创新发展的一面旗帜。

文学艺术领域的创新文化既是文学创新生命力所在,也是北京创新文化的生动体现。北京文学艺术在70多年的发展进程中,引导了各种新思想、新观念和新潮流,同时充分显示出北京这座历史古城的鲜明特色。新中国成立初期,北京积极进取的文学艺术氛围,激励培育出新中国第一代作家,也产生了《雷雨》《茶馆》《穆桂英挂帅》等一批经典作品。改革开放后,北京文艺界所创作的《青春万岁》《渴望》《皇城根》等一批文学艺术精品,是北京文学艺术领域解放思想、鼓励创新文学创新的结果,同时这些成果又进一步促使人们从"文革"伤痛中解脱出来,解放思想,打破禁区,开创美好未来新生活。随着科技的进步和发展,数字技术进入人们生活的方方面面,北京文学创作与数字技术紧密结合,"新文创"成为数字文化领域的发展主流,数字赋能文化,使得北京的文化创新焕发出更为蓬勃的生机。

北京日新月异的城市面貌离不开不断创新的北京城市规划建设。在首都建设时期，北京城市规划与建设领域以创新的精神，把具有3000多年悠久历史的城市与现代城市发展要求相结合，大手笔规划城市建设，既保持了传统首都发展的韵味，又呈现国际大都市的发展气魄，尤其是这个时期建设的人民大会堂、中国历史博物馆等"十大建筑"成为世界瞩目、载入中国建筑史册的经典"名品"。在首都经济时期，北京以2008年奥运为契机，加快建设城市轨道交通，优化城市空间格局，城市面貌发生深刻变化，尤其是这个时期建设的鸟巢、水立方、国家大剧院、中央电视台等一批现代化建筑耀眼世界。新时代首都发展时期，北京城市规划建设领域遵循习近平总书记提出的关于"建设一个什么样的首都，怎样建设首都"这一指示要求，编制新的一版北京城市总体规划，坚持一张蓝图绘到底，以规划引领城市发展，统筹经济社会和空间布局优化调整，推进首都城市向减量提质方向转型发展，成功举办冬奥会和冬残奥会，成为世界上首个"双奥"之城。

北京社会生活创新文化是北京创新文化中与人民群众幸福感、获得感联系最紧密最直接的创新文化形式。北京社会生活创新与时代发展和生产力发展水平紧密关联。从新中国成立初期艰苦奋斗、"勒紧裤腰带过日子"到改革开放人民物质生活日益丰富、精神生活不断充实提高，再到新时代人们日益追求更高品质的生活，北京始终坚持以人民为中心的发展理念，以"民有所呼、我有所应"为目标，紧扣"七有"要求和"五性"需要，不断创新社会治理，切实增进民生福祉，为建设国际一流的和谐宜居之都贡献北京方案。

四

创新文化随着创新实践不断发展，同时又为创新实践提供方向引领和重要动力，加强创新文化建设也要与时俱进。

进入新时代，世界百年未有之大变局加速演进，各国围绕科技创新的竞争日趋激烈，中华民族伟大复兴也进入了新的阶段，弘扬和繁荣蓬勃向上的创新文化不仅是提升科技创新硬实力的重要基础，更是保持强劲国际竞争力和实现中华民族伟大复兴的关键所在。北京作为全国创新资源最富集的城市，要在创新驱动国家战略实施中发挥更大的作用，实现更大的作为，就必须把加强新时代创新文化建设与发展放在突出地位。

第一，坚定文化自信，强化文化引领。北京创新文化是在北京数十年伟大创新实践中形成和发展起来的，她一方面源自于中华优秀传统文化，另一方面也源自于社会主义制度巨大优越性，源自于首都广大干部群众对于社会主义事业的无限热爱和不懈追求。新时代北京创新文化建设要进一步坚定文化自信，进一步弘扬崇尚科学、大胆探索、敢于创造、自强不息、日益进取的创新文化，同时，要充分发挥北京创新文化对首都发展的精神引领作用，进一步聚集人才、资本、技术等创新要素，充分释放创新文化对凝聚人心、激励创新的价值，形成北京创造活力竞相迸发、聪明才智充分涌流，推动首都高质量发展的强大动力。

第二，坚持首都定位，牢记国之大者。首都工作关乎"国之大者"，建设和管理好首都，是国家治理体系和治理能力现代化的重要内容。进入新时代，弘扬繁荣北京创新文化要坚持首都城市功能定位，把创新文化建设与"四个中心"和"四个服务"紧密结合起来，发挥北京创新文化对北京工作的引领作用，以首善标准更好履行首都职责和使命，同时，在新的伟大创新实践中进一步丰富北京创新文化。

第三，紧扣时代脉搏，突出守正创新。北京创新文化的形成发展与北京在不同时期所承担使命责任紧密联系，与时代发展的要求相适应。新时代北京创新文化建设要与时俱进，自觉承担新时代国家发展和民族复兴对首都的新要求，自觉履行首都城市功能定位、服务国家建设。北京创新文化建设要处理好"守正"与"创新"的关系，坚持社会主义核心价值观和中国传统文化的优秀文化基因，同时，要根据变化了的形势和新时代要求赋予创新文化以新的内涵，不断丰富北京创新文化。

第四，坚持面向世界，讲好"北京创新故事"。弘扬和繁荣北京创新文化还要坚持引进来与走出去相结合。北京创新文化具有海纳百川的开放气概。进入新时代，北京创新文化的繁荣和壮大更需要文化认同感，更需要发挥走出去的作用，把北京的创新文化传播出去，一方面要总结好各行业、各领域、各群体的创新经验、创新事迹，另一方面要积极融入全球创新网络，创新载体平台和传播方式，向世界讲好"北京创新故事"。

"创新文化丛书"编委会

目 录

简 介 … 1

前 言 … 1

第一章　中关村创新文化的发展历程与形成机制　1
    第一节　中关村创新文化的发端与形成　3
    第二节　中关村创新文化的形成机制　12
    第三节　新时代中关村创新文化的新发展　21

第二章　中关村创新文化的内涵、属性与类型　29
    第一节　中关村创新文化的内涵与结构　31
    第二节　中关村创新文化的属性　39
    第三节　中关村创新文化的主体类型　46

第三章　中关村创新文化的主要特质　67
    第一节　敢为人先的首创精神　70
    第二节　知识报国的爱国情怀　81
    第三节　勇立潮头的技术理念　90
    第四节　先行先试的改革品格　103
    第五节　海纳百川的开放气概　114

第四章　中关村创新文化的时代价值　　121

　　第一节　坚定文化自信　讲好"中国创新故事"　　123
　　第二节　激发创新活力　推动高质量发展　　128
　　第三节　诠释共享理念　促进区域协同创新　　134
　　第四节　引领开放合作　融入全球创新网络　　141

第五章　基于文化视角的中关村与世界知名科技园区比较　　149

　　第一节　美国硅谷：鼓励创业，宽容失败　　151
　　第二节　以色列海法：教育为本，风险投资　　159
　　第三节　印度班加罗尔：服务外包，融入国际　　163
　　第四节　中国台湾新竹：吸引海归，东西融合　　169
　　第五节　中关村创新文化与世界知名科技园区的
　　　　　　比较与启示　　174

第六章　中关村创新文化的未来与展望　　187

　　第一节　大力弘扬中关村创新精神，凝聚创新向心力　　189
　　第二节　建立健全创新文化制度体系，保持创新持久力　　196
　　第三节　持续促进多种文化深度融合，提升创新软实力　　204

参考文献　　211

后　记　　216

简 介

中关村是我国科技创新领域名副其实的领头羊，是我国体制机制创新的试验田，被誉为"中国硅谷"，是中国崛起的重要象征和创新发展的一面旗帜。中关村独特的创新文化是其成功的重要密码。中关村创新文化是在党和各级政府的领导和关怀下，广大中关村人共同创造和培育的宝贵财富，是中关村创新发展的灵魂、土壤和根基。深入剖析、系统挖掘中关村创新文化的内涵属性、发展历程、形成机制、文化特质和时代价值，对于贯彻新发展理念、推动形成以国内大循环为主体、国际国内双循环相互促进的新发展格局、促进我国经济社会高质量发展等具有重要的研究价值。本书从中关村创新文化的发展历程与形成机制、内涵属性与主要类型、主要特质、时代价值、基于文化视角的中关村与世界知名园区比较、未来与展望等维度展开研究，主要研究内容和创新点表现在以下几个方面。

（一）中关村创新文化的发展历程与形成机制。中关村先后经历了北京市新技术产业开发试验区、中关村科技园区、中关村国家自主创新示范区等发展阶段。与中关村的发展阶段相应，中关村创新文化的发展可大致分为孕育与形成时期、培育与发展时期以及进入新时代以来的成熟与提升时期。中关村创新文化的形成机制表现为基层首创精神与政府主导文化建设紧密结合、精神文化引导与制度文化建设方向一致、主体文化培育与文化环境打造双向发力、传统文化传承与外来文化融合相得益彰等。

（二）中关村创新文化的内涵、属性与主要类型。从创新文化的基本内涵的阐释对中关村创新文化内涵进行界定，提出了中关村创新文化所具有的时代性、实践性、人民性、开放性等基本属性。从主体维度分析了中关村创新文化的主要类型，包括企业文化、院所高校文化、政府文化、社区文化等。中关村的创新文化是包容开放的文化，是多元文化互动的结果。创造这一文化的主体包括企业、院所高校、政府和社区等。各种主体主动适应时代的脉搏，彼此交相辉映，共同铸就了中关村创新发展蓝图。

（三）中关村创新文化的主要特质。文化特质是指文化的核心要素或体现该文化特征的主要内容，具有广泛的社会基础性、高度的认同性、相对稳定性和鲜明的表征性。中关村创新文化特质是在改革开放进程中逐步形成的，是在党的改革开放政策指引下，以中关村科技园区为核心、随着中关村科技园区成长壮大而发展起来的创新文化。中关村创新文化特质主要表现为敢为人先的精神、知识报国的爱国情怀、勇立潮头的技术理念、先行先试的改革品格、海纳百川的开放气概等方面。中关村创新文化主要特质所发挥出来的文化影响力，不仅会推动中关村改革创新迈上新台阶，而且必将对推动我国经济高质量发展和新一轮对外开放发挥重要的引领性作用。

（四）中关村创新文化的时代价值。中关村创新文化不仅在中关村创新发展的过程中发挥着重要作用，对全国创新发展也具有重要意义。中关村创新文化的时代价值主要表现为：坚定文化自信，讲好"中国创新故事"；激发创新活力，推动高质量发展；诠释共享理念，促进区域协同创新；引领开放合作，融入全球创新网络等。敢为人先、家国情怀和百折不挠等精神激发了科研人员和企业的创新活力，为推动高质量发展提供了基础。共享发展理念持续促进区域协同创新，带动全国创新发展活力。海纳百川的胸怀和合作共赢的伙伴精神推动中关村积极参与国际竞争与合作，融入全球创新网络。在创新文化的引领下，中关村开创了中国独特的科技创新之路，为创新发展提供了中国方案，彰显了中国特色社会主义制度自信。

（五）基于文化视角的中关村与世界知名园区比较。世界知名园区根据自身的地理条件、区位优势和资源禀赋，鼓励创新创业，形成独具特色的科技创新模式，积累了丰富的创新经验。基于文化视角的比较，对美国硅谷、以色列海法、印度班加罗尔、中国台湾新竹等世界知名科技园区创新经验进行比较，系统剖析这些科技园区的创新特征及其运行规律，深入挖掘世界知名园区在创新发展过程中所表现出来的重要理念、精神和文化基因，为我国科技园区创新文化培育与发展提供重要启示。尊重市场主体地位，整合全球优质资源，完善创新服务体系，弘扬务实创新理念，培育现代工匠精神。

（六）中关村创新文化的未来与展望。当前，百年变局与世纪疫情叠加，国际政治、经济格局皆处于巨变的十字路口，全球化与逆全球化力量交织角力，科技创新成为各国争取新一轮产业革命制高点的关键，也是加强国际协作、弥合逆全球化趋势带来的可能分裂的重要力量。面向未来，要大力弘扬中关村创新精神，凝聚创新向心力；要建立健全创新文化制度体系，保持创新持久力；要持续促进多种文化深度融合，提升创新软实力。中关村要以更加开放的姿态融入全球创新网络中，通过更为密切的国内国际合作，吸收和借鉴国外优秀文化、促进创新文化蓬勃发展，让自身成长为一个世界性的创新窗口，以创新引领辐射带动中国其他区域高质量发展。

前 言

习近平总书记指出，"创新是一个民族进步的灵魂，是一个国家兴旺发达的不竭源泉，也是中华民族最鲜明的民族禀赋"。习近平总书记对中关村创新发展的辉煌成就给予高度评价，指出中关村已经成为我国创新发展的一面旗帜，面向未来，要加快向具有全球影响力的科技创新中心进军，为在全国实施创新驱动发展战略更好发挥示范引领作用。这一重要指示阐明了中关村在促进科技与经济发展中所起到的重要作用，同时也为中关村在我国创新型国家建设中肩负的责任和使命提出了新要求。回顾中关村40多年来辉煌发展历程，既可以看到科技创新对经济社会发展的巨大推动作用，也可以看到中关村所特有的创新生态与创新文化在促进科技创新方面产生的深远影响。进入"十四五"时期，在夺取全面建成小康社会、实现第一个百年奋斗目标之后，我国进入了乘势而上开启全面建设社会主义现代化国家并向第二个百年奋斗目标进军的新征程，中关村不仅需要继续在我国创新型国家建设中做好示范和引领，为实现我国第二个百年奋斗目标提供强大动力，更需要深入研究阐释文化因素对于科技创新的重要战略意义，在此基础上推动中关村成为国际科技创新中心建设的领头羊，成为创新文化建设与传播的排头兵，为我国创新文化整体提升和树立科技文化自信做出应有的贡献。

当今世界正经历百年未有之大变局，全球治理格局发生全方位、深层次、系统性变化，各国竞争日益激烈，技术竞争和科技霸权带来严峻挑战，唯有科技创新才是制胜的利器。习近平总书记多次强调，要"把科技创新摆在国家发展全局的核心位置","科技发展的方向就是创新、创新、再创新"。当代科技革命推动生产方式的快速变革,科技创新深刻地改变全球治理格局、国际发展格局和全球财富分配格局,深刻地影响着国家竞争力与未来发展走向。新中国成立70多年以来特别是改革开放以来,我国科技发展取得举世瞩目的伟大成就,科技创新能力持续提升。中关村正是在改革开放、迎接新技术革命的动力和科技是第一生产力的探索中诞生的。中关村作为共和国的创新摇篮,在全国改革开放进程中吹响了科技领域改革与创新的伟大号角。中关村曾创下过多项辉煌与中国第一,从20世纪80年代初的电子一条街,到1988年成为第一个国家级高新技术产业开发区、1999年成为第一个国家级科技园区、2009年成为第一个国家级自主创新示范区等,从一个无名小村成长为全球知名的科技创新中心。目前,自动自行车、类脑计算芯片、语音AI识别、远程医疗手术系统等一系列前沿技术成果和新技术新产品应用展现了新时代中关村的创新力和爆发力。中关村始终站在我国改革开放的潮头,是我国科技创新名副其实的领头羊,是我国体制机制创新的试验田,被誉为"中国硅谷",是中国崛起的重要象征和创新发展的一面旗帜。

科技园区的发展不仅仅是科技与经济问题,更重要的是涉及深层次的文化基因。习近平总书记在党的十九大报告中指出:"文化是一个国家、一个民族的灵魂。文化兴国运兴,文化强民族强。"回顾中关村几十年来的高速发展,其特有的创新生态和创新文化起到了至关重要的作用。创新文化是关于创新活动相关的价值观念和制度设计,表现为人们对创新所持有的价值、精神、态度、心理等,映现了社会对新思想、新理念、新变革是否持有宽容、欣赏、容许、鼓励以及主动参与的文化形态。对科技创新来说,创新文化是影响创造性科研活动最深刻的因素,是科学家创造力最持久的内在源泉[①]。创新文化是以创新为主导价值观,蕴含着促进创新行为、推动科技创新的重要基

---

① 李惠国.创新文化是科技创新的重要元素[N].人民日报,2016-09-25.

因，是文化软实力的重要元素，也是科技园区或企业永续发展的核心动力。中关村独特的创新文化是其成功的重要密码。创新文化对于中关村创新能力的提升、创新环境的营造、创新沃土的厚植发挥至关重要的支撑作用。

中关村创新文化是在党和各级政府的领导和关怀下，广大中关村人共同创造和培育的宝贵财富。中关村创新能力与科技竞争力的提升，从物质层面看，表现为科技、经济的综合实力。从精神层面看，表现为推动科技创新所具有的良好文化环境和内在的强大精神动力。中关村创新文化体现了一代又一代中关村人的理想信念、价值追求、胆略勇气和品格情怀的淬炼与升华，也是中关村迈向具有全球影响力的科技创新中心征程中的重要文化支撑。中关村创新文化支撑科技创新行为的自觉、自信、自强。中关村在创新过程中形成了"鼓励创新、宽容失败"的创新自觉，坚持借鉴吸收人类社会实践成果，不断推陈出新、与时俱进、创新跨越，充满了创新自信，通过模仿、复制、学习、创新、利用，转化为经济社会发展创新资源，不断提升技术创新能力和水平，进而由"跟跑者"变为"并跑者"，甚至是某些行业的"领跑者"，实现科技创新的自强，这种自强不息的创新文化力量激发着中关村的创造活力。创新文化是中关村创新发展的灵魂、土壤和根基。深入剖析、系统挖掘中关村创新的文化内涵、属性及其特质，对于充分理解中关村创新为什么能够成功以及如何进一步高质量发展具有重要的研究价值。

中关村创新文化是在改革开放40多年来社会主义伟大实践中逐步形成的，是在党领导下一代又一代中关村人在科技创新的道路上勇往直前、奋力开拓、改革创新中所形成的智慧结晶。中关村创新文化既包含着历史悠久的中华优秀传统文化基因，如"以天下为己任"的艰苦奋斗、不屈不挠、敢闯敢试的探索精神和卓越品质，也结合了现代的富于时代特征、与时俱进的文化特征，如敢为人先、勇立潮头、引领时代的创新精神。同时，中关村创新文化包含着本土的文化基因，是传承中华优秀传统文化、凝聚中国时代精神的先进文化，是构筑中国精神、中国价值、中国力量的重要财富；吸收和借鉴了外来的文化元素，兼收并蓄，海纳百川，融合了西方文化中追求科学、自由探索等精神内核。正是这种重视优秀传统文化的历史传承，也重视外来先进文化的学习与借鉴，才使得中关村创新文化更具有多元融合、兼容并蓄的活力。

党的十九届五中全会通过的《中共中央关于制定国民经济和社会发展第十四个五年规划和二〇三五年远景目标的建议》（以下简称《建议》）提出："坚定不移贯彻创新、协调、绿色、开放、共享的新发展理念，坚持稳中求进工作总基调，以推动高质量发展为主题，以深化供给侧结构性改革为主线，以改革创新为根本动力，以满足人民日益增长的美好生活需要为根本目的，统筹发展和安全，加快建设现代化经济体系，加快构建以国内大循环为主体、国内国际双循环相互促进的新发展格局，推进国家治理体系和治理能力现代化，实现经济行稳致远、社会安定和谐，为全面建设社会主义现代化国家开好局、起好步。"《建议》特别强调要"坚持创新在我国现代化建设全局中的核心地位，把科技自立自强作为国家发展的战略支撑，面向世界科技前沿、面向经济主战场、面向国家重大需求、面向人民生命健康，深入实施科教兴国战略、人才强国战略、创新驱动发展战略，完善国家创新体系，加快建设科技强国"。《建议》明确提出支持北京等地区"形成国际科技创新中心"。这对中关村发展而言，是在新的发展阶段和新的历史时期再一次赋予中关村特殊的使命，也必将为中关村创新文化注入新的内涵。

当前，面对中华民族伟大复兴战略全局和世界百年未有之大变局，新一轮科技革命和产业变革加速演进，大国间的竞争与博弈日益激烈，创新发展、合作共赢仍是大势所趋。在全世界范围内流行的新冠肺炎疫情，进一步加剧了世界经济衰退和西方经济社会深层次危机，对全球经济复苏、科技创新和治理格局产生深刻复杂的影响。2020年以来，在党中央坚强领导下，我国迅速有效地控制住了疫情的蔓延和发展，统筹疫情防控与经济社会发展，全年GDP首次超过一百万亿元人民币，同比增长2.3%，成为全球唯一实现正增长的主要经济体。进入"十四五"时期，我国正处于夺取全面建成小康社会、开启全面建设社会主义现代化国家新征程、向第二个百年奋斗目标进军的关键时期。中关村作为我国科技创新的出发地、原始创新的策源地、自主创新的主阵地，加强科技创新与创新文化建设不仅对于我国创新型国家建设具有重要意义，更肩负着实现中华民族伟大复兴中国梦的历史使命。必须坚持以习近平新时代中国特色社会主义思想为指导，积极探索新时代中关村创新文化的发展路径。要进一步发挥独特的创新文化优势，鼓励大众创业、万众创新，加大先行先试改革力度，激发人们文化创新创造活力，创造更多可复制、可推广的经验，辐射带动全国创新文化整体发展。要进一步彰显开放包容、合作共赢的创新文化理念，高水平扩大对外开放，积极参与全球创新合作，在全球树立更广泛、更深厚的科技文化自信，向着具有全球影响力的科技创新中心阔步前进，携手构建人类命运共同体。要进一步推出更多改革新举措，在关键"卡脖子"领域开展科技攻关，增强国家文化软实力，为建设创新型国家、实现中华民族伟大复兴、建成社会主义现代化强国发挥新的价值引领与文化支撑作用。

第一章

中关村创新文化的发展历程与形成机制

回顾历史，中关村的发展既是一部科技创新史，也是一部制度创新史，更是一部文化创新史，其特有的创新文化在几十年的飞速发展中发挥着极为重要的作用。中关村是伴随着改革开放的进程一步步发展壮大的，伴随中关村的发展，中关村的创新文化也经历了从无到有、日趋成熟的过程。中关村拥有北大、清华、中科院等一批国内顶尖高校和科研院所，是我国的科教与文化重镇。在这里，东方文化与西方文化、传统文化与现代文化不断碰撞交融，与爱国精神和科学精神一起，为中关村创新文化的萌芽提供了深厚的文化土壤。改革开放以来，中关村第一批科技人员"下海"创业，开始了将科技与经济相结合的探索，在十年间形成了闻名全国的电子一条街，中关村的创新文化也开始在第一代中关村人的创新实践中孕育。1988年，为了迎接全球范围内的新技术浪潮、推动国内高新技术产业发展，党中央决定在电子一条街基础上成立北京市新技术产业开发试验区。这一时期，中关村已具备形成创新文化的基本条件，中关村创新文化正式产生。1999年，中关村成立我国首个国家级科技园区，《中关村科技园区条例》的实施极大地促进了体制机制创新。同时，中关村创新创业主体更加多元化，多种文化有机融合，推动中关村创新文化迅速成长。2009年，中关村国家自主创新示范区成立，政府开始重视创新文化发挥的重要作用，继而加强顶层制度设计，系统推进创新文化建设。2012年，党的十八大提出"实施创新驱动发展战略"。中关村肩负创新型国家建设与科技强国建设的双重使命，创新文化形成独特精神内核，成为促进中关村创新发展、激发创新活力的重要源泉。同时，创新文化与中关村创新创业生态相结合，在中关村辐射带动全国创新发展、融入和构建全球创新网络等方面扮演着日益重要的角色，中关村创新文化进入快速发展的新时期。

第一节　中关村创新文化的发端与形成

1952年前，中关村只是隶属于北京海淀镇的一个自然村，不到70户人家[1]。新中国成立后，政府在这里投入上百亿元的科技教育资金。从1951年中国科学院第一批院所在中关村落地直至改革开放前夕，在短短的十余年间，以北京大学、清华大学为代表的大学城与以中国科学院为主的科学城并肩发展，中关村逐步成为全国知识人才最为密集的地区，这为中关村创新文化的发端打下了坚实的基础。之后，随着改革开放大潮涌起，以中国科学院物理研究所和计算技术研究所等为主，包括北京大学、清华大学等高校与其他科研院所在内的一批科研人员下海创业，创办了以两通两海（四通公司、信通公司、京海公司、科海公司）、联想集团等为代表的第一代民营科技企业，用自身实践探索出一条科技与经济相结合的新路，使得中关村成为我国科技体制改革的先行者和科技民营企业的摇篮，同时也赋予中关村创新文化以独特的精神气质。1988年，北京市新技术产业开发试验区在中关村成立，此时，中关村已具备包括"环境、信息、技术、人才"在内创新文化形成的基本条件，中关村创新文化自此逐步形成。

一、中关村创新文化的历史溯源

中关村地处北京城区西北，是永定河冲击而成的一片小平原。清朝建立之后，在中关村修建了大量皇家园林，这里逐渐成为皇家第二权力中心，世人把这里与紫禁城并称为"双城"。历史上，中关村一带曾有中湾[2]、中关[3]等多种称呼，范围也一直在变化。北平和平解放后，中关村改称保福寺村。1952年，海淀区建制成立，保福寺村改

---

[1] 柯小卫.当代北京中关村史话[M].北京：当代中国出版社，2012：4.
[2] 1912年绘制的《西郊图》上标为"中湾"地名。1915年由民国内务部职方司测绘印制的《实测京师四郊地图》上标为"中湾"地名。
[3] 1932年《北平市自治区坊所属街巷村里名称录》称"中关村"。

称保福寺乡。如今的中关村就是在当年保福寺乡所辖区不断扩大、发展而来的。1961年，中关村街道正式成立，从此中关村有了"出生证"。从中关村早期历史可以看到，中关村地区本身有着浓厚的传统文化积淀，此后北京大学、清华大学以及中国科学院等国内顶尖高校与科研院所的兴起，为中关村注入了现代文化的活力。在这里，既有东方文化与西方文化的碰撞，也有传统文化与现代文化的激荡，同时还包括爱国精神与科学精神的融合。这三个方面相辅相成，同时又相互交织，共同构成了中关村创新文化的源泉。

东方文化与西方文化的碰撞。中关村的创新文化有着丰富的内涵，其既继承了东方文化中自强不息、艰苦奋斗、百折不屈等文化，又吸收了西方文化中科学、民主、自由等精神内核，这种对于东西方文化的兼容并蓄，在中关村从京郊的一个自然村成长为全国最为重要的科技创新高地的历史进程中，起到了重要的推动作用。其中，中西方文化的碰撞与融合以清华大学为典型代表，从清华大学的发展历程中，可以清晰地看到东方文化与西方文化如何在不断冲撞中逐步走向融合。清华大学的建立源于"庚子赔款"，其从建立之初，就出于将西方文化向中国传播的目的。在最初的日常教学中，清华大学受美国影响较大，在课程、教材、教学法等方面多仿照美国，注重培养学生动手与探索精神。与此同时，清华大学还设有国学研究院，拥有王国维、梁启超、陈寅恪和赵元任等国学大师，清华大学的校训"自强不息，厚德载物"亦源自于国学经典《易经》中"天行健，君子以自强不息""地势坤，君子以厚德载物"两句，代表了刚健自强、容载万物、爱国奉献、造福社会的清华精神。正是在博采中西文化之长的基础上，清华大学独特的创新文化得以形成。除了清华大学，北京大学等中关村创新文化重镇也都深受中西方两种文化的影响。例如，北京大学的前身京师大学堂在建立之初即提出"中学为体，西学为用，中西并用，观其会通"的办学方针，此后也一直秉承"兼容并包"的精神，充分汲取中西方文化精髓。以"中国导弹之父"钱学森为代表的一批科研工作者，也都深受西方文化的影响，其中许多人是留学归国之后奋斗在科技创新的最前沿,他们在中关村创新文化的形成过程中发挥了重要的作用。

传统文化与现代文化的激荡。回顾中关村创新文化形成的历史,可以看到,中关村创新文化正是在传统文化与现代文化的激荡之中萌发了它的枝芽,北京大学的创立和发展是其中最为典型的代表。北京大学是中关村一带最早成立的大学,也是中国近代史上第一所国立综合性大学。纵观北京大学的发展历史,可以看到北京大学从建立到发展壮大的过程也是中国传统文化在与西方文化的碰撞和融合中逐步向现代文化转变的过程。北京大学的前身京师大学堂创立于1898年,是清末维新变法运动的产物,京师大学堂的成立标志着中国近代高等教育的开端。京师大学堂继承了太学和国子监的优良文化传统,对传统文化的传承起到了十分重要的推动作用[1]。京师大学堂在1912年改称北京大学,严复担任校长一职。作为北京大学的首任校长,严复与之后的第二任校长蔡元培带领北大进行了卓有成效的民主主义改革。此后,在保存我国文化传统和建设现代文化方面,北京大学始终扮演着极为重要的角色。北大是五四新文化运动的策源地,传播马克思主义的最初基地,涌现出陈独秀、李大钊、胡适等多位我国五四新文化运动的主要倡导者。在他们的带领下,北大人高举民主与科学的旗帜,引领着全国知识界、教育界和文化界的风气[2]。与此同时,由胡适发起的"整理国故运动"也是自北大发轫,初衷是从中国传统文化中找到可以有机联系现代欧美思想体系的合适基础,在此基础上融合中西文化。在这一思潮的影响下,取得了丰硕的学术成果,对传统文化与现代文化的融合产生了深远的影响。

科学精神与爱国精神的融合。中关村创新文化的形成与发展跟近代以来知识分子救亡图存、振兴中华、知识报国、创新突破等追求密

---

[1] 付艳.民国时期北京大学传承与创新中国传统文化研究(1922—1927)[D].沈阳师范大学,2014.

[2] 张欣悦.文化传承和创新是大学的神圣使命——访北京大学校长许智宏[J].国际人才交流,2008(04):28—29.

不可分。清末，民族危机深重，康有为、梁启超等人积极探索救国救民的科学真理，为近代思想启蒙运动开辟了道路。五四时期，先进知识分子以北大、清华为主阵地，高举民主和科学的旗帜，积极宣传新思想、新文化，自觉接受和传播马克思主义，科学与民主的思想逐步深入人心。新中国成立后，中国科学院伴随新中国一同诞生，在其身上肩负着科技兴国的重要使命。中国科学院是在周恩来总理的号召下成立的，建立之初即强调"科学为人民服务"，功能包括统筹并领导全国自然科学与社会科学的研究事业，同时使科学、教育与生产密切结合。建立之初，中国科学院地球物理所便与现在国家气象局的前身中国人民革命军事委员会气象局密切合作，两家联合创立了"联合天气分析预报中心"和"联合资料室"，为新中国的气象业务做出了开创性的贡献。在全力服务国家的同时，中国科学院还努力争取并协助在国外的科学家回国参加建设。中国科学院先后协助李四光、赵忠尧、吴文俊、钱学森等几十位在原子核研究等领域取得重要成就的海外学子归国，这使当时我国许多新兴学科或空白薄弱领域得以建立、填补或充实。中国科学院协助海外学子归国的努力，也使得在中国科学院成立不久后，许多研究所得以迅速发展，陆续成为国内各相关学科领域的重要研究基地或中心，为国家建设和推动科学发展做出了重要贡献。时代在变革，但中关村人的爱国主义情怀和科技创新的激情一直未变，与中关村的历史一脉相承。

二、中关村创新文化的孕育与产生

20世纪70年代末，中国开启了改革开放的伟大历史进程。1978年3月，全国科学大会召开。在这次大会上，时任中共中央副主席邓小平明确指出，科学技术是生产力，知识分子是工人阶级的一部分，从此开启了科技创新的一个新时代。中关村科技创新的种子在科学的春天萌芽，中关村创新文化也随着中关村的发展开始孕育。经过十年的蓬勃发展，在中关村电子一条街的基础上，1988年中关村成立北京市新技术产业开发试验区。这是中国第一个国家级高新技术产业开发区，其是在迎接世界新技术革命浪潮的挑战，各国不断加强高新技术产业发展的大背景下诞生的。试验区是中国改革开放的产物，其建立和发展顺应了国际竞争和新技术革命发展的潮流，也与国内改革开放大背景相吻合。此时，中关村已发展成为全国智力最为密集、最具创新活力的地区，百余所的科研机构、50余所的高等院校和近8万人的科技人员聚集在中关村地区。同时，这里有自然科学、社会科学各领域各类专业千余个，在校大学生和研究生超过10万人。中关村已具备包括"环境、信息、技术、人才"在内的形成创新文化的基本条件，中关村创新文化在这一时期产生。

中关村创新文化的孕育期。在中关村创新文化的基因中，"敢为人先"占据着极为重要的位置，被称为"中关村民营科技第一人"的陈春先正是凭着这种精神，率先开始了科技与经济结合的创新实践。作为"文化大革命"后中科院第一批研究员，陈春先参加了全国科技大会，邓小平同志的讲话给了他极大的鼓舞，此后作为我国核物理领域的代表，他在1978—1981年间先后三次访问美国，美国硅谷的创新创业文化给他很大启发。据此，归国后他提出要在中关村建立"中国的硅谷"的想法，探索一条适应我国国情的扩散新技术、将科研成果转化为生产力的新路，这在当时实属创举。在北京市科协的支持下，1980年10月23日，陈春先、纪世瀛等人创办了北京等离子体学会先进技术发展服务部（以下简称服务部），这是国内第一家民办科技企业，中关村的历史从此翻开了新的一页。服务部实行知识服务收费的方式，与当时普遍实行的国家拨款、专款专用的科研体制相冲突，陈春先和他的服务部几乎被由此而引发的舆论旋涡所吞没。这种困境引起了中央高层的关注，胡耀邦、胡启立、方毅等先后做出批示，认为陈春先的实践顺应了改革开放"搞活经济"的总体方针，"做法是完全对头的，应予鼓励"。来自中央高层的肯定极大调动了科研人员的创业热情，加速推进了中关村民营科技企业的发展。此后，科研人员纷纷下海创业，以两通两海、联想等为代表的中关村企业快速成长，以陈春先、纪世瀛、段永基、陈庆振、王洪德、王殿儒等为代表的第一代企业家在原有体制边缘不断探索、突破，形成了以民办科技企业为先锋的中关村电子一条街。这一时期提出的"两不四自"原则为民营科技企业提供了运行机制，中国科学院也开始探索实行"一院两制"，即实行科学研究管理和创办科技企业两种管理制度，为科研人员创业提供了体制突破，以"勇于突破、敢为人先"的创业精神为底色的中关村创新文化正是在这片创新的沃土中生根发芽。

中关村创新文化的产生期。1988年5月，在中共中央办公厅《"中关村电子一条街"调查报告》的基础上，中央批准在中关村建立北京市新技术产业开发试验区。选择中关村作为全国首个国家级高新技术产业开发区，意味着中央选择了中关村作为试点，探索一条具有中国特色的高科技产业发展之路。因此，试验区的成立是中关村史上的重大事件和重大节点，也是我国科技改革创新史上的里程碑事件。在这一时期，"环境、信息、技术、人才"等形成创新文化的基本条件皆已具备，中关村创新文化初步形成。首先，环境方面。政府充当着创新活动的帮扶者和铺路石，为创新文化提供了宽松自由的成长环境。其次，信息和技术方面。1991年，上地信息产业基地开始建设，这是我国第一个以电子信息产业为主导的综合性高科技工业园。在上地信息产业基地内，联想、华为、神州数码等高科技企业聚集，形成了信息快速传递、技术飞速迭代的科技园区创高新文化生态。最后，人才方面。1993年，大学生就业服务中心在海淀区成立，这是全国首家为大专院校学生服务的就业中心，其主要通过建立人才库、组织就业培训、提供实习机会等服务，为大学生提供就业，同时也为企业输送了所需人才。之后，随着归国创业的留学生越来越多，中关村形成了第一波留学人员归国创业热潮。1997年，"北京市留学人员海淀创业园"成立，这是北京专门为留学人员回国创业所建立的首家科技企业孵化器。归国留学人员初创的高新技术企业在我国实行自主创新战略中起着很大作用，他们是我国自主创新的一支重要力量。这一时期，中关村会集了一大批本土与留学人员创立的优秀科创企业，以联想杨元庆、新浪网王志东、搜狐张朝阳、百度李彦宏等为代表的第二代中关村企业家成为创新文化的中流砥柱。中关村逐渐成为全国高新技术创新创业高地，海淀区著名"双螺旋"雕塑，也成为彰显中关村创新文化的标志。

三、中关村创新文化的培育与发展

1999年，国务院做出重大决策，在中关村建立我国首个国家级科技园区。2009年，中关村成为全国首个国家自主创新示范区。2012年，经过前后几轮调整空间布局，中关村示范区形成"一区十六园"发展格局。这一时期，有利创新的"人才、技术、资金"各要素进一步集聚，中关村创新文化日益受到政府与创业者的认同，培育与发展创新文化成为各界共识。此时正值中国制造到中国创造转变的关键阶段，中关村创新文化也进一步向自主创新和原始创新聚焦。同时，随着改革开放的不断深化，中关村创新文化更加国际化、多元化。中关村的创业者和后继者们高举自主创新与原始创新的旗帜，瞄准国际科技前沿，围绕国家战略和首都发展攻坚克难。北京市政府与中关村管理部门不断突破原有体制机制的束缚，发挥改革先行先试的作用，为创新和高科技产业发展营造良好环境。在此基础上，中关村不断解放思想、转变观念、吸收融合国际创新要素，逐步培育发展出独具特色的中关村创新文化。

中关村创新文化的培育期。1999年8月，北京市新技术产业开发试验区正式更名为中关村科技园区，这是我国历史上首个国家级科技园区。此时的中关村已形成包括海淀区、丰台区、昌平区、电子城、亦庄园在内的"一区五园"空间格局。这标志着中关村已走出海淀，成为北京创新发展的品牌[1]。2001年1月，《中关村科技园区条例》正式实施，在全国率先引入"法无明文禁止不为过"的法治理念，为中关村的创新文化发展创造了良好环境。在这一理念的引领下，涌现出

---

[1] 中关村科技园区管理委员会.中关村园区创新发展30年大事记（1988—2017）[M].北京：北京出版社，2018：64.

许多突破现行制度、冲破桎梏的实践，由此诞生了我国科技体制改革和高技术企业发展历程中包括第一家不核定经营范围的企业、实行股权激励制度的国有高新技术企业等多个第一。中关村创新创业主体日益多元，高校校园文化、本土民营企业文化、海归文化等多元创新创业文化有机融合、相互交融，推动了中关村创新文化大发展。在这一阶段，本土民营企业像雨后春笋般迅速发展壮大，俞敏洪创立的新东方是其中的突出代表。同时，中关村这片创新热土吸引着美国硅谷等科技创新发达地区的"海归"源源不断地涌来，中关村掀起新一轮以"海归"创业为特征的创业新高潮，也带来了新的创新创业文化理念。在海归企业家中，既有已享誉全球的互联网"领头羊"，还有京微雅格的刘明、汉朗科技的孙刚、互动百科的潘海东等国内新生代海归科技精英。他们与本土企业家的代表，包括京东的刘强东等一同呼应了全球互联网科技的新浪潮，以积极的进取精神和开阔视野，学习借鉴国外先进发达的商业模式，结合本土特色，创造出中关村特色的企业发展模式，多元文化的相互交融也极大地丰富和拓展了中关村创新文化内涵，鼓励创新、宽容失败、开放包容的文化氛围日益浓厚。

中关村创新文化的发展期。2009年，经国务院批复，中关村国家自主创新示范区成立，中关村的发展进入了一个新的阶段。这一时期，中关村的工作主要围绕建设具有全球影响力的创新中心这一目标展开，坚持先行先试的原则，加快体制机制改革创新，持续优化创新创业发展环境。该阶段，政府开始重视对创新文化的系统性建设，加强创新文化制度设计，弘扬企业家精神，营造鼓励创新、宽容失败的文化氛围，这些举措大大激发了各类主体的创新创业活力。同时，社会分工的不断深化和快节奏的经营发展模式也推动了不同创新主体间的交流合作，信息共享、协同创新成为中关村创新创业发展的新特征，园区创新文化得到不断丰富和完善，文化影响力也不断提升。中关村国家自主创新示范区成立以来，以法律的形式进行制度创新，按照"需求拉动、机制创新、重点突破、开放合作"的原则，推动实施了"1+6"系列先行先试政策等自主创新政策措施，搭建首都创新资源整合平台，积极鼓励和引导各类市场主体创新创业，园区创新创业政策环境不断完善。正是在政策、人才、技术、资本这四者之间的良性互动，使得中关村创新文化获得了持久的活力和巨大吸引力，吸引着越来越多的创新创业者来到中关村实现他们的理想，独特的中关村创新文化生态在包容失败的同时孕育出无数的成功创新。此外，在越来越多的自主创新科技企业在中关村崭露头角的同时，二次创业的热潮也在中关村创新文化的滋养中悄然兴起，小米的雷军、龙芯中科的胡伟武等就是其中的典型代表。二次创业所展现出的愈战愈勇、直面挑战的企业家精神也正是这一时期中关村创新文化的时代特征。

第二节 中关村创新文化的形成机制

每一种文化都有其特殊的形成机制，都离不开其特有的生态环境和具体实践。中关村创新文化形成于中关村创新发展的具体实践，是伴随着中关村的创新发展逐步发展、成熟并繁荣起来的。在中关村创新文化形成的整个过程中，政府、科研院所、高校、企业和社会组织等都发挥了重要作用，是其从多个方向共同努力的结果。基层科研人员的首创精神为创新文化的形成提供了内在发展动力。政府主导下的文化建设为创新文化的发展提供了重要支持。其中，精神文化引导使创新文化不断发展壮大，制度文化建设推动创新文化由自发走向自觉。企业、高校和科研院所等重要主体的文化建设构成了创新文化的活力源泉。政府引导下的文化环境打造为创新文化提供了生态涵养。经历了40多年改革开放的激荡，中关村创新文化不可避免地吸收并融合了许多外来文化元素，但其最根本的智慧底蕴还是源自中国优秀传统文化，是对中国优秀传统文化中创新思想和创新方法的继承与发展。

一、基层首创精神与政府主导文化建设紧密结合

基层首创精神是中关村创新文化发展的内在动力。中关村创新文化的形成发展伴随着中关村的改革发展。1980年，陈春先等基层科研人员尝试通过开办科技企业的方式实现科研成果的技术扩散。为了避开办企业的复杂手续和注册资金的困扰，陈春先以等离子体学会的名义向市科协申请，成立了北京等离子体学会先进技术发展服务部，并率先提出"不要国家编制，不要国家投资，自筹资金，自负盈亏，自担风险"的民办科技企业原则，内部分工和管理按照公司模式运作。陈春先等人不仅创办了第一家民营科技机构，而且摸索出一套民办科技企业的基本原则和新的管理模式，为后续其他民营科技机构的创办，以及科技领域的体制机制改革提供了重要经验。这些基层科研

人员以敢为人先的精神突破了传统体制机制的限制，不仅使沉睡在实验室、仓库和档案里的科研成果转化为现实生产力，也使得科技创新从院所走向经济社会，推动了创新精神在中关村地区快速传播。1988年，时任中科院院长周光召提出了"一院两制"的中科院发展战略，即中科院实行院内科学研究管理和创办科技企业两种管理制度。其实，在正式提出"一院两制"之前，中科院已有一些自办科技企业。比如，中科院电工所创办了中科院电气高技术公司，中科院计算中心创办了鹭岛公司，中科院计算所成立了联想（初期名称为中科院计算所公司）、信通等公司。这些科技企业都坚持着不要国家拨款、不占国家编制，自由组合、自筹资金、自主经营、自负盈亏的"二不四自"原则，获得了按照市场机制运营的自主权。可以说，中关村基层科研人员的敢为人先和中科院"一院两制"的积极尝试为中关村的创新发展积累了经验、创造了条件、凝聚了共识，同时也有力地推进了中关村创新文化的繁荣发展。

政府主导文化建设是中关村创新文化发展的重要支持。中关村创新文化的形成离不开基层首创精神，但更重要的是政府的主导和大力支持。20世纪80年代，陈春先等基层科研人员打破传统体制机制的创新做法有些激进，与当时的计划经济体制和传统观念格格不入，并引发了激烈的社会争论。中关村也因此曾面临过巨大压力。在这样的关键时刻，如果没有政府的大力支持，就不会有中关村的改革发展，更不可能形成现在繁荣发展的中关村创新文化。面对当时的社会争论，中央联合调研组进行了深入调研，形成了《"中关村电子一条街"调查报告》，不仅肯定了其取得的科技创新成就和经济效益，还对他们在体制机制方面的创新表示肯定和支持。在此基础上，才有了后来的北京市新技术产业开发试验区。其实，政府对中关村创新文化的主导建设不仅仅是对基层首创的肯定和支持，还体现在许多方面，其中行政架构的搭建是最为突出的一个。2009年，中关村承担了建设我国第一个国家自主创新示范区的重要使命，并于次年成立了中关村科技创新和产业化促进中心（简称首都创新资源平台）。该平台由国家有关部门和北京市共同组建，下设重大科技成果产业化项目审批联席会议办公室、科技金融工作组、人才工作组、新技术新产品政府采购和应用推广工作组、政策先行先试工作组、规划建设工作组和中关村科学城工作组7个工作机构，围绕重大科技成果转化和产业化项目、先行先试政策扶持等13项受理事项开展工作。首都创新资源平台是对传统行政架构的一个突破，建立了部市会商、院市合作、军地融合等工作机制，形成了跨部门、跨层级的协同创新组织模式，为科技创新的多部门协同提供了重要体制机制保障，实现了由单一领域、碎片化的支持向系统性支持的初步转变。

中关村创新文化的形成既离不开基层首创精神，更不能缺少政府主导的文化建设。没有基层的积极探索，中关村的改革和创新发展就缺少实践层面的检验，创新文化的形成必然受到影响。没有政府主导的文化建设，中关村创新文化的发展就会迷失方向、缺少支持。二者的紧密结合是中关村创新文化繁荣发展并辐射全国的必要基础。

二、精神文化引导与制度文化建设方向一致

精神文化引导使中关村创新文化发展壮大。伴随着中关村的创新发展，政府、企业、高校及社会团体通过组织及参与多种公共文化活动等方式不断厚植创新创业精神文化。中关村论坛创办于2007年，以"创新与发展"为永久主题，是全球性、综合性、开放性的科技创新高端国际论坛。该论坛在促进国内外科技界、产业界沟通交流与创新合作的同时，也将创新文化持续向外传递。2019年，论坛聚焦"前沿科技与未来产业"主题，吸引了数十位全球知名科学家、上百位投资人、1000多位企业家、数万名公众参与。论坛既有大数据与工业互联网、生物医药、5G技术及应用等高精尖领域的成果发布，也有创新交流合作与项目集中签约。首届中关村国家自主创新示范区运动会于2010年4月17日在丰台体育中心举行。中关村一区十园管委会、中关村创新体系各机构和组织、高新技术企业组成的108支方队、2000多名运动员、15000多位中关村人参加了运动会。运动会不

仅激发了员工热情和活力，凝聚了企业自主创新引领未来力量，还展现了中关村团结和谐、奋发向上的精神风貌，营造了锐意进取、志在领先的精神和创新文化氛围。《中关村》杂志成立于2002年。从2003年3月第一期问世，到2020年1月已编辑出版200期，刊发文字1800多万字。除了编辑高质量内容外，杂志社还积极组织策划各种活动，形成了中关村论坛、中国高新企业发展国际论坛、海淀文化论坛、艺术展览等一批品牌栏目。杂志社在宣传中关村业绩，传播中关村文化，弘扬中关村精神，推崇中关村时尚等方面发挥了重要作用。首届中关村创业大街趣味运动会于2016年7月22日在中关村创业大街南广场举行。中关村创业大街是互联网＋新生力量的诞生地，这里会聚了众多创业精英。这次活动以"助梦创业行，共享成长"为主题，创业大街中的30多家创业公司，共计200多人参加，充分展现出创业团队"万众创新，齐聚一堂开创新未来"的精神活力。

制度文化建设推动中关村创新文化由自发走向自觉。制度文化建设是文化逐步固化的过程，也是引导文化自觉发展的重要手段。为此，中关村形成了一系列有利于创新文化繁荣发展的激励机制。第一，不断完善股权激励相关政策激发了科研人员的创新活力。中关村的股权激励政策从无到有，逐步突破各种限制。从明确规定技术入股、股权奖励、期权、分红权等多种激励形式开始，相关政策文件陆续出台。2015年，在原有股权激励政策的基础上，股权奖励个人所得税试点政策进一步放宽了股权奖励个人所得税的纳税要求。第二，推动产权制度改革激发了企业的创新活力。产权明晰是建立有效企业制度的基本前提，也是保障企业创新活力的重要基础。北京市政府和中关村通过深入落实《公司法》和《中共中央、国务院关于加强技术创新，发展高科技，实现产业化的决定》，积极推动企业的产权制度改革，为企业探索兼并重组、实施股份制公司化改革，以及建立和完善现代企业制度提供帮助。第三，科技成果"三权"不断下放激发了高校科研院所的创新活力。在科技成果处置收益方面，从最开始的800万元以下的科技成果可自主处置，发展到800万元以下的处置收益全部留归各单位，以及800万元到5000万元之间的90%留归各单位。在成果使用和处置流程上，也将原来烦琐的审批环节改为在一个月内将处置结果报财政部备案即可。2014年10月发布的《关于开展深化中央级事业单位科技成果使用、处置和收益管理改革试点的通知》进一步取消了所有审批和备案要求，还将科技成果的处置收入从分段按比例留归单位改为全部留归单位。第四，知识产权保护使创新成果收益获得了制度保障。北京市政府在知识产权体系建设、战略推进、政策创新等层面不断努力，促进知识产权创造、运用、保护和管理均衡发展。2014年11月，北京知识产权法院成立，这是全国首家知识产权审判专业机构，实现了知识产权民事和行政案件由专门的机构集中管辖。2016年1月，北京市重点产业知识产权运营基金正式成立，这是全国首支由中央和地方财政共同出资引导发起设立的知识产权运营基金，是运用经济手段推动知识产权发展的重要尝试。

精神文化和制度文化都是文化的重要组成部分，且相互影响、相互渗透。精神文化是对制度文化的主观诠释和反映，为制度文化的创立、运行与发展提供动力支持或批判制约。制度文化是影响精神文化内容和形式的重要因素，很大程度上决定着精神文化的性质、目的和走向。正是二者的相互促进、方向一致，才保障了中关村创新文化繁荣发展。

三、主体文化培育与文化环境打造双向发力

主体文化是中关村创新文化的活力源泉。中关村创新文化包含政府、企业、高校和科研院所等多种主体。其中，企业、高校和科研院所数量较大，是中关村创新文化的重要基础，对其形成具有重要作用。首先，中关村的高科技企业都非常重视企业文化建设，许多文化特征都服务于创新创业。一是秉承"科技创造财富"的发展理念，营造尊重科学、尊重人才的文化氛围。二是坚持以人为本，改变传统管理手段，通过知识管理等模式，营造宽松的工作氛围和生活环境，最大限度地满足员工的物质和精神需要，充分调动其创造性。三是倡

导和谐互助共存，形成了良好的文化交流氛围。在中关村，政府、企业、学者和媒体等都十分重视创新创业文化的交流碰撞，认为企业间既是竞争对手，也是相互帮助的朋友，形成了一种交流互助与和谐共存的文化氛围。比如，2008年国际金融危机期间，中关村的民营科技企业家通过研讨会和座谈会等方式加强企业间的交流沟通，共同寻求抵御金融风暴冲击的过冬对策。四是秉持家国情怀，积极对接国家战略发展需要。中关村的科技企业积极响应国家政策导向与战略需要，承担了一批国家科技重大专项，承建了一批国家重点实验室和国家工程技术中心，实现了一批重大科技成果产业化。五是中关村的科技企业紧跟产业发展趋势，积极融入国际产业竞争，为中关村营造了开放创新的文化氛围。其次，在创新文化的指引下，高校和科研院所为企业输送了大量的人才资源和科技成果。一是树立了产学研合作理念。在政府的支持下，中关村形成了联合攻关机制、要素自由流动机制和共建共享机制等多种产学研互动合作模式。二是形成了区域人脉关系网络。从高校和科研院所走向市场的科研人员和毕业生在中关村构成一个密切联系的人脉网络。他们之间的信任为低成本合作提供了重要基础。三是营造了良好的创新创业文化氛围。通过举办创业大赛、创业计划大赛，组织大学生参与学生科技创新创业竞赛等方式，中关村的高校和科研院所向学生传播了创业思想、创业文化。

文化环境打造为中关村创新文化提供生态涵养。政府是提供服务、引导文化环境打造的重要主体。在政府的积极引导下，中关村为创新创业提供了优质的服务环境，使服务创新创业成为中关村的基本信念。第一，持续优化营商环境。中关村不仅注重企业营商环境，更加关注企业发展环境，通过主动了解企业发展需求，不断优化营商环境。早在2001年，海淀区就在梳理业务事项的基础上，搭建了网上交互式办公系统，逐步实现了跨部门协同办公。2009年，海淀区设立"一对一服务"领导小组，下设的7个工作组围绕企业最关心的产业、融资、国际化、规划、人才和培训等问题为企业提供一对一精准服务。2013年，海淀区综合行政服务中心成立，针对科技服务类有限责任公司,推出了"一口受理、同步办理、一口发证"多证联办服务,最快可在4个工作日内一次性领取"四证一书",完成企业设立。第二,支持创新创业服务机构发展。中关村形成了一批培训、中介和孵化器等创新创业服务机构。比如,培训企业联想之星举办的免费CEO特训班、短训班已经培养了上千名创业企业家,是创业培训的先行者。再如,科技中介企业创业会客厅为创新创业企业提供一站式、全方位的专业服务。还有依托于高校和科研院所的服务机构,如清华科技园。清华科技园通过孵化器、公共技术平台和产学研结合平台等方式,为创业企业孵化、高新技术企业研发、创新人才培育、科技成果转化提供发展空间和优质服务。第三,推动搭建开放实验室和创新服务平台。中关村建设形成了清华大学信息科学与技术国家实验室、北京邮电大学信息光子学与光通信国家重点实验室、北京航空航天大学北京智能交通研究实验中心等上百家开放实验室。除了开放实验室,中关村还通过整合社会资源形成了"中关村核心区创新创业服务平台"和"中关村社会组织创新创业服务平台"等创新服务平台。中关村核心区创新创业服务平台为企业、人才、各服务机构、园区领导及工作人员等各类服务主体提供相应的在线系统和移动App。中关村社会组织创新创业服务平台采取线上线下相结合的方式,为创新创业主体量身打造多元化、多维度、便捷高效的服务体系。

企业、高校和科研院所等创新主体的文化构成了中关村创新文化的子系统,是中关村创新文化的活力源泉。创新主体文化的培育,不仅需要主体自身加强文化建设努力,还需要优质的环境为其提供生存基础,两个方面同向发力是中关村创新文化形成的必要条件。

四、传统文化传承与外来文化融合相得益彰

中华优秀传统文化是中关村创新文化的智慧底蕴。提起中华传统文化,许多人所想到的是守旧、保守。但其实,中华传统文化中蕴藏着大量的创新思想和创新方法,并形成了不少创新成果。这些创新基因是中关村创新文化的智慧底蕴。第一,创新思想。传统经典《周

易》始终围绕着创新这一主题。"穷则变，变则通，通则久""革，去故也；鼎，取新也"等经典思想都出自《周易》，也由此形成了"生生之道""革故鼎新""自强不息"等创新精神。商鞅的变法思想是制度创新的直接体现。比如，"不必法古""反古者不可非"就是反对守旧复古，认为制度应随社会变化而变革。在商鞅的基础上，韩非子也提出了"世异则事异，事异则备变"的历史变化理论，认为以前再完美有效的制度，若完全照搬就等同于守株待兔。在军事中，创新思想更加突出。《孙子兵法》指出"以正守国，以奇用兵"。"正"指作战的常规状态，"奇"就是别人没有想到的、出人意料的作战方法。"围魏救赵""明修栈道，暗度陈仓""空城计"等都是军事上创新思想的重要体现。第二，创新方法。早在春秋时期，孔子就提出了"学而不思则罔，思而不学则殆"的学思结合观点，并形成了"温故而知新"的创新方法。"学"是掌握已有知识的积累过程，是形成创新的必要基础。"思"是在旧知识基础上思索创新的过程，已有知识掌握得越全面，得到新知识的可能性越大。这也说明创新是在传统基础上的创新，是对旧知识的继承和发展，而不是完全抛弃传统的另起炉灶。对于温故如何知新，孔子也指出应将既有知识与现实情况相结合，由一件事情类推到其他事情，即举一反三、由此及彼。第三，创新成果。在制度上，中国5000多年的历史进程中，税收制度、人才制度、军事制度等一直处于改革完善之中，制度创新随处可见。在艺术上，中国历史上创作了诗、词、曲、赋、散文、小说等大量的文学作品，形成了甲骨文、金文、隶书、行书、草书等多种书法艺术，对印度大乘佛教中"中观""唯识"两大系统的创造性"圆融会通"也得到了印度同道的认可。在科学技术上，《周易》中的八卦阴阳可认为是中国版的二进制，利用失蜡法制作复杂且高精度的金属铸件，祖冲之比欧洲早1000多年将圆周率精确到小数点后第7位，《授时历》比现行公历早300年将一回归年精确到365.2425天，明朝时中国就会使用牛痘接种预防天花。

外来文化助力中关村创新文化发育升华。中关村创新文化源自于中华优秀传统文化，植根于中国特色社会主义伟大实践，但西方外来文化在推动其形成与发展上也发挥了重要作用。在制度文化上，中关村参考借鉴并本土化了一些激发创新活力的制度设计。比如，陈春先成立北京等离子体学会先进技术发展服务部的做法就是受到美国硅谷经验的启发，通过民营科技企业的方式将科技创新推向了经济社会主战场。再如，推动产权制度改革和现代企业制度的建立，逐步完善股权、期权、分红权等激励机制等做法，也是对西方制度文化的借鉴及本土化。在精神文化上，虽然中华传统文化与外来文化在很多方面都存在着不同程度的对抗和冲突，但对于创新的认可和重视，二者是一致的，可以相互补充、相得益彰。因此，中关村创新文化也融合了理性主义、质疑精神、包容失败等外来文化中的一些创新元素。这些大多都属于优秀创新文化的必要元素。理性主义和科学方法为中关村的创新发展奠定了必要基础。质疑精神使科学创新永无止境。包容失败的精神让中关村成了创新创业者的聚集地，创新创业者们在这里可以不断尝试，能够失败之后再次出发。

中关村创新文化是对中国优秀传统文化和外来文化的有机融合，优秀传统文化为其核心精神文化提供了智慧底蕴，外来文化为其发育升华提供了制度条件。一个是内在动因，一个是外在条件，二者的相得益彰促进了中关村创新文化的繁荣发展。

第三节　新时代中关村创新文化的新发展

2012年11月，党的十八大提出"实施创新驱动发展战略"的伟大构想。2013年9月，习近平总书记视察中关村，提出"五个着力"，为创新驱动发展战略"画骨点睛"。2017年10月，党的十九大报告提出，创新是引领发展的第一动力，据此中关村提出2020年建成全球最具影响力的创新中心。党的十八大以来，创新成为引领发展的第一动力，是我国创新型国家建设和科技强国建设的动力源泉，创新文化对创新的深远影响也日益凸显。这一阶段，中关村创新文化已形成自身独特的精神内核。中关村示范区在国务院"1+6"系列、"新新四条"等先行先试政策、北京市"9+N"系列政策以及北京市相关改革试点支持下，创新创业生态不断优化，涌现出一大批创新型企业孵化器，催生出以共享经济为代表的新业态、新模式，"大众创业、万众创新"的良好局面正在形成。中关村创新文化也随着创新要素的成熟与创新文化生态环境的不断优化进入新的发展时期。新时代的中关村正处于第三次创业浪潮之中，拥有中国四成以上的独角兽企业，科技创新企业不论规模还是成长速度都空前惊人，创业者拥有了改变世界的力量。新一轮的创业浪潮是在全国双创的大背景下出现的，双创让中关村创新创业生态进一步优化，中关村创业大街、众创空间等平台的出现，为创新文化提供了更为良好的发展载体，共享经济、平台经济和智能经济等新模式新业态的蓬勃发展也为创新文化的成熟与提升提供了重要发展契机，中关村创新文化进入快速发展的新时期。

一、全国科技创新中心建设给中关村创新文化建设提供新契机

2014年2月，习近平总书记视察北京并发表重要讲话，明确了北京是全国政治中心、文化中心、国际交往中心和科技创新中心"四个中心"的城市战略定位，北京要坚持和强化首都全国科技创新中心

的核心功能,为北京在新阶段的发展指明了方向。2017年2月24日,习近平总书记再次视察北京,发表重要讲话,明确指出北京要以建设具有全球影响力的科技创新中心为引领,打造北京经济发展新高地。习近平总书记系列重要讲话,为北京建设全国科技创新中心提供了根本遵循。中关村是科技创新策源地,一直保持着非常良好的发展势头,在全国科技创新中心建设中发挥着积极的带动和促进作用。2016年9月,《北京加强全国科技创新中心建设总体方案》明确提出,要以中关村国家自主创新示范区为主要载体建设全国科技创新中心,要使北京成为全国创新引领者、高端经济增长极、创新人才首选地、文化创新先行区和生态建设示范城[①]。这为中关村创新文化发展提供了新契机。

坚持自主创新与原始创新,中关村实现创新引领。《北京加强全国科技创新中心建设总体方案》提出五个方面的任务,其中强化原始创新,打造世界知名科学中心是首要任务。经过40多年的发展,中关村始终坚持自主创新,在国际科技浪潮中不断前行,创造出大量具有自主知识产权的重大技术创新成果,特别是近年来,中关村在关键技术领域实现一批重点突破,包括人工智能、5G通信、创新药物与医疗器械、集成电路设计、液态金属增材制造、石墨烯材料制备等领域多项技术创新与全球同步,有的已经达到领先。全国科技创新中心建设对科技创新提出了新要求,自主创新与原始创新已经成为全国科技创新建设的关键环节。对此,中关村始终以服务国家战略和全国科技创新中心建设为导向,统筹中关村科学城、怀柔科学城和未来科技城建设,不断强化原始创新,瞄准人工智能、生物技术等世界科技创新前沿超前布局、勇闯无人区,促进关键领域原创科技成果实现重大突破,从全球科技创新与科技产业发展的"跟跑者",发展为在一些领域实现"并跑"、局部领域实现"领跑"。同时,发挥中关村在

---

① 《北京加强全国科技创新中心建设总体方案》政策解读。http://www.scio.gov.cn/34473/34515/document/1490069/1490069.htm.中华人民共和国国务院新闻办公室.20160905.

科教资源方面的独特优势，加强基础研究人才队伍培养，建设包括北京大学、清华大学、中国科学院在内的一批世界一流高等学校和科研院所，从创新源头保障原始创新活力。全国科技创新中心建设还提出推进协同创新、培育世界级创新城市群的要求，作为全国科技创新高地，中关村在优化首都科技创新结构、辐射带动京津冀区域协同创新、引领全国创新发展方面将发挥越来越重要的作用。

以全国科技创新中心建设为契机，中关村创新文化不断丰富和完善。全国科技创新中心建设不仅在前沿技术上需要具有全球领先性，同时更需要在科技创新的支撑方面为创新提供丰沃土壤，包括在创新平台上，要构建高端要素集聚的平台，在创新人才和环境建设方面，要集聚和培养世界一流的科研和企业家团队，同时打造全球新技术、新知识和新产品一体化的创新中心。作为北京科技创新中心、北京建设全国科技创新中心的主战场，中关村继续加快改革进程，开展先行先试，加快体制机制改革创新，着力优化创新创业发展环境。在此基础上，更加重视对创新文化的引导，加强创新文化制度建设，弘扬企业家精神，营造"鼓励创新、宽容失败"的文化氛围，激发了各类主体的创新创业活力。同时，社会分工的不断深化和快节奏的经营发展模式也推动了不同创新主体间的交流合作，信息共享、协同创新成为中关村创新创业发展的新特征，园区创新文化得到不断丰富和完善，文化影响力不断提升。

二、高质量发展使命担当为中关村创新文化建设增添新动力

党的十九大提出，我国经济已经由高速增长阶段转向高质量发展阶段。推动北京高质量发展，绿色、集约、智能是高质量发展的具体内涵，创新发展是唯一出路。作为我国创新培育的"策源地"和新兴产业的"增长极"，中关村始终坚持"发展高科技、实现产业化"宗旨，一直发挥着改革探路者和自主创新排头兵的重要作用。进入新时代，在带动北京乃至全国高质量发展方面走在前列，既是中关村必须

担负起的光荣历史使命，也是中关村自身深化创新驱动、建设具有全球影响力的科技创新中心的发展需要。2019年年初，习近平总书记在考察天津滨海—中关村科技园时指出，让有创新梦想的人能够心无旁骛、有信心又有激情地投入到创新事业中，中国的动能转换、高质量发展就一定能够实现。这为北京高质量发展指明了道路，同时也点明了创新与创新文化在高质量发展中的重要作用。正是认识到这一点，中关村在将北京高质量发展与自身创新发展相结合的同时，也非常注重创新文化和创新生态的建设，这在很大程度上促进了中关村创新文化的发展。

中关村以科技创新构筑高精尖产业群，促进北京高质量发展。近年来，中关村始终以科技创新引领北京新经济高质量发展。目前，中关村在全国高新技术产业开发区的领头羊地位日益巩固，已经成长为我国规模最大、综合竞争力最强的高新技术产业基地。以人工智能产业为例，在中关村聚集了一批全国、全球领军的人工智能企业，在北京地区及周边已建成从高端芯片到行业整体解决方案在内的全产业链，形成了国内规模最大、最具影响力的人工智能创新集群。除了人工智能产业，中关村的大数据、5G、医药健康、无人机等高精尖产业也在加速发展，一大批高精尖产业正在领跑北京经济增长。此外，中关村还涌现出一批新业态和新模式，包括以滴滴等为代表的共享经济、以搜狗等为代表的平台经济，以及以创新工场等为代表的创客经济等。这些基于科技发展带来的业态和模式创新，极大地促进了传统产业的转型升级，在促进北京高质量发展的同时，也让中关村的科技创新发挥出更为巨大的潜能。

在促进北京高质量发展的同时，中关村有利于创新文化发展的要素进一步聚合。首先，围绕以新技术为基础的高精尖产业的发展和基于新技术的传统产业转型升级，带来了各种新产品、新服务和新的商业模式，创新文化从科技创新向各个层面、各个形态的创新领域延伸。其次，围绕北京高质量发展，中关村遵从科技创新和人才发展规律，着手构建全过程、全要素、全社会参与的创新服务体系。这一重要举措集聚了各领域优秀人才，形成了人才聚合效应，中关村创新创业文化特色更为鲜明。此外，创业者、风投、天使投资人等各个创业主体联系更为紧密，通过头脑风暴、知识和经验分享，相互激发出更多创新火花，让创新和创业的点子与模式更为丰富。同时，中关村规模不断变大、高科技企业数量增多，社会分工也更为细化，创新活动也按照不同环节、主体和细分领域进一步裂化，这让市场主体能够按照类别获得有利于自身发展的创新要素和分领域优势，继而围绕创新目标进行多主体、多要素共同协作，形成优势互补、协同创新。基于这一背景，中关村着力构建产学研协同创新平台与模式，促进高校与科研院所、行业产业、地方政府之间进行更为深入的合作，从而带来了不同创新文化之间更为深层的交流与融合。

三、京津冀协同发展国家战略对中关村创新文化建设提出新要求

2014年2月，习近平总书记强调，实现京津冀协同发展是重大国家战略。2015年6月，《京津冀协同发展规划纲要》印发并实施，给出京津冀协同发展的宏伟蓝图，为京津冀协同发展提供了基本依据和行动指南。京津冀协同发展包含多个维度，其既是体制机制创新也是发展模式创新，既是产业创新协同也是空间布局协同。其中，协同创新是实现协同发展的核心所在，京津冀协同发展的根本动力在于创新驱动。作为我国原始创新策源地和自主创新主阵地，中关村无疑是京津冀协同创新的龙头。自京津冀协同发展战略提出以来，三地始终以中关村为主阵地，全面提升京津冀协同创新合力。一方面，北京利用中关村创新优势提升对津、冀两地的辐射带动作用，另一方面，天津和河北结合自身区域优势加强与北京的协作。在具体推进工作中，中关村不断引领三地协同创新探索新模式、融入新机制，完善创新文化软环境。同时，针对京津冀三地以往碎片化、被动式的合作方式，中关村的创新文化成为重要抓手，用以推动京津冀建立长期化、规范化、制度化的协同创新共同体。这对中关村创新文化建设提出了新要

求，同时，也为中关村创新文化发挥辐射带动作用提供了契机。

中关村带动京津冀三地协同创新发展，打造京津冀协同创新共同体。中关村示范区作为我国第一个高新区和国家自主创新示范区，在京津冀协同发展中，发挥着创新引领和辐射带动的重要作用。京津冀协同创新战略提出以来，中关村主要从以下几个方面积极发挥创新引领作用。首先是模式创新，推进三地合作园区建设。目前，雄安新区中关村科技园建设工作已启动，同时初步形成了以天津滨海—中关村科技园、保定—中关村创新中心、曹妃甸等为代表的园区合作建设模式。其次是延伸服务，推动构建京津冀区域创新创业生态。创新创业生态的建设包括两个方面：一方面是以中关村创新生态输出为主，在京津冀地区形成要素集聚、文化融合的类中关村创新创业生态系统；另一方面是支持中关村创业服务机构在津冀设置分支机构，组织推动中关村与津冀研发机构间资源开放共享与协同创新。最后是示范应用，加快区域传统产业改造提升。京津冀三地共同印发《发挥中关村节能环保技术优势　推进京津冀传统产业转型升级工作方案》，支持中关村企业率先在京津冀区域钢铁、能源等领域开展合作和示范应用，在推广节能环保优势技术的基础上，力争落地一批示范应用项目。经过几年的快速发展，京津冀已初步形成以中关村科技创新园区链为骨干，以多个创新社区为支撑的协同创新网络[①]。

弘扬中关村创新文化，为京津冀协同创新注入活力与动力。近年来，中关村以"鼓励冒险、包容失败"的创业创新文化，为京津冀协同创新注入活力与动力。创新文化是创新的灵魂，影响创新主体的价值观，进而影响其创新行为和模式。要对新生事物多包容、少苛责，多鼓励、少设限，完善创新容错纠错机制，提高对企业创新失败的包容程度，消除创新主体的后顾之忧，让创新创业的种子生根发芽。大力弘扬中关村鼓励创业创新的文化，加快在京津冀形成崇尚创新、宽

---

① 京津冀协同发展，中关村大有可为，https://www.sohu.com/a/243735172_355034. 搜狐网.20180727.

容失败、允许试错、鼓励冒险的区域文化氛围，"不以成败论英雄"，增强创新创业者的信心，激发创新创业内生动力。同时，以创新文化输出为载体，中关村还向河北、天津统合辐射释放各类创新要素，输出创业服务模式，带动高端人才和项目落地，示范区内的各大高校参与京津冀协同发展形成"百舸争流"态势，这也进一步促进了中关村创新文化的发展。进入新时代，京津冀协同发展迎来新机遇，中关村要进一步加强与津冀的创新合作，努力开创新局面、争取新作为。

四、全球创新体系进一步开放给中关村创新提供更为紧密的文化关联

随着科技创新对经济社会发展的推动作用日益明显，全球科技创新进入空前活跃期，大量新技术、新模式和新业态不断涌现。各国在科技创新方面竞争更为激烈的同时，合作也更为紧密。中国在创新方面具有巨大潜力，将以更加开放的状态融入全球创新网络，进一步加快国际化发展的步伐。近年来，在基础前沿和战略高技术领域不断涌现诸多创新成果的同时，中国在世界的创新指标排名也在稳步提升。2019年，世界知识产权组织发布的全球创新指数报告显示，中国的全球创新指数超过日本、法国等国，位列第14位。近年来，在全球创新体系进一步开放的趋势下，中关村立足国家创新战略需求，对标全球创新坐标系，将重点放在增强全球创新资源聚合与链接上，不断提升在国际科技创新领域的影响力与话语权，力争将自身打造成为全球创新网络的关键枢纽。在中关村不断推进创新国际化的进程中，一方面，中关村企业走出国门，在海外设立联合研发中心与分支机构；另一方面，各国创新人才源源不断地被吸引到中关村创新创业，这极大地推动了中关村创新文化的国际化和多元化，为中关村创新文化提供了更为紧密的文化关联。

中关村加快融入全球创新网络，创新生态向全球延伸。随着全球创新体系进一步开放，中关村适应国际要素集聚发展的国际化环境不断完善，近年来，中关村加快推进中关村国家海外高层次人才创新

创业基地和"人才特区"建设，吸引了一大批外资机构和海外人才在中关村集聚发展，微软、IBM、三星等百余家国际知名企业在中关村设立子公司或研发机构，国际创新服务机构纷纷落户中关村。2016年，全球知名孵化器PNP落户中关村智造大街，包括ApplyBoard、OpenKey等10家企业在中关村落地。2017年，中关村创业大街建成"中意众创空间"，这是国内首个全球创新社区。此外，中关村还设立了中关村京港澳青年创新创业中心、北京加州科技服务中心、中瑞创新中心等服务机构。中关村一批创新创业服务机构，包括太库、盛景网联、联想之星等，也加速海外布局。通过服务机构出海，中关村链接了全球创新资源，技术创新和孵化呈现出全球化特征。在"一带一路"沿线，中关村企业也进行了布局，范围涵盖高新技术、生物医药、高铁、大数据、空间地理等，这些企业在加快自身国际化的过程中，也推进了中关村独特的创新创业生态向全球延伸。

中关村创新文化不断吸纳新思想、新理念，创新文化内涵日益丰富。一直以来，中关村始终处于我国开放发展的最前沿，良好的国际化环境、高度集聚的国际化资源和频繁的国际文化科技交流，促使中关村形成了今日开放包容、多元融合的创新文化氛围。大量外资机构、留学归国人员及外籍从业人员的集聚为中关村创新创业活动提供了新思想、新理念，也成为中关村丰富创新创业文化内涵的重要途径。同时，中关村一大批企业开启了海外建设研究院、研发中心的进程，如百度在美国硅谷成立研发中心，北京航空材料研究院与英国帝国理工学院合作成立技术中心，中科创达与美国高通建立联合实验室等。此外，还在德国、以色列、芬兰等国家，展开具体的科技领域方面的合作。当下的中关村，正在推进着全国布局、世界布局，再次张开双臂，拥抱难得一见的历史机遇。中关村，一个世界性的创新枢纽，开始浮出水面。

第二章

中关村创新文化的内涵、属性与类型

创新文化属于文化范畴的一个分支，它可以理解为人类关于创新的行为模式和人类群体的显著成就，其核心是人类关于创新的观念及其带来的价值。文化体系一方面可以看作主体行动的产物，另一方面则是主体进一步行动的决定因素[1]。创新文化总是由创新主体在特定地点特有的资源和条件基础上建构起来，因而，创新文化随着区域的不同而具有不同的具体内容和表现形态[2]，并且对于区域的发展具有深远的影响。

中关村原本是位于京城西北的一个小村镇。在改革开放的大潮下，中关村的企业、院所高校、政府等各类主体充分发挥了中关村独特的区位优势、人才优势、制度优势和文化优势，成长为改革创新的一面旗帜，创造了我国科技创新史上的一个又一个奇迹。在这一过程中，中关村的企业、院所高校、政府、社区等主体频繁互动，相互影响，集聚全球创新创业人才，形成了独特的中关村创新文化。这一文化是中关村各类人才集体智慧的结晶，具有丰富的内涵，从形态结构、主体结构和空间结构都可以划分出不同的类型。同时，这一文化是在改革开放以来党的路线方针指引下不断发展的产物，具有鲜明的时代性、实践性、人民性和开放性。40多年来，一代又一代的中关村人正是依靠着不断传承这种"中关村哲学"，勇敢肩负起国家科技体制改革"试验田"和科技创新产业先行者的责任使命，促进科技与经济紧密结合，在改革开放和中国特色社会主义现代化建设的伟大征程中走出了一条追逐梦想、创新驱动的"中关村之路"。

---

[1] Kroeber A.L., Kluckhohn C. *Culture: a Critical Review of Concepts and Definition* [M]. Cambridge, Massachusetts, U.S.A. Published by the museum, 1952, 181.

[2] 李春英.论创新文化[D].中国石油大学, 2007.

第一节　中关村创新文化的内涵与结构

文化既是外显的，也是内隐的，并且通过不同形式的象征符号而在各类人群中获得和传递。这就决定了文化以及创新文化具有非常丰富的内容。中关村创新文化由企业、院所高校、政府等创新主体在改革开放的大背景下，依托中关村地区特有的智力资源和区位条件，相互影响、共同培育而建构起来，是一代又一代中关村人不断传承、勇于突破的成果，是各种主体不懈奋斗而创造的集体智慧的结晶。

所有文化要素组成一个文化系统，文化系统各个层次间的联系即为文化结构[①]。这种层次之间的联系，一方面取决于文化系统自身，另一方面也取决于观察者所占据的角度。文化结构是文化内涵的外在表现；文化内涵则是文化结构的内在依托。中关村创新文化是改革开放40多年来中关村人共同创造的丰硕成果，从其存在形态、创造主体、空间范围来观察，可以将其划分出不同的结构。

一、中关村创新文化的内涵

关于中关村创新文化不同研究有着不尽相同的论述。有学者认为中关村创新文化本身存在冲突，是在改革开放中不断发展的产物[②]。有学者认为中关村创新文化包括洋溢着科学精神的企业文化、知识含量极高的商业文化、充满青春活力的校园文化、积淀深厚的历史文化、现代气息浓郁的社区文化、以创新为总目标的制度文化、知识经济时代的人居环境文化以及优秀的外来文化[③]。中关村试验区的政府有"雪中送炭、特事特办"的理念；雷军则认为中关村创新文化是"无数前辈指点和提携"的氛围，是不仅要做"北京的中关村，更要

[①] 周尚意，孔翔，朱竑.文化地理学[M].北京：高等教育出版社，2004：2.
[②] 赵弘，常丰林，邓丽姝.构建中关村创新文化的设想[J].中国创业投资与高科技，2003（03）：41—43.
[③] 公茂虹.论中关村文化（上）[J].中外企业文化，2001（01）：13—15.

成为中国和世界的中关村"的气概①。但是，这些观点都不否认一个事实，即中关村创新文化是中关村企业、院所高校、政府、社区等各类主体孜孜以求、共同培育的成果，是改革开放以来一代又一代中关村人创新创业精神的集中体现，充盈了崇尚科学、知识报国、注重传承、勇于突破、追求公正、开放包容的伟大情怀。

第一，中关村创新文化是崇尚科学的文化。包含自然科学和哲学社会科学在内的思想、知识和方法，既是人类探索、创新的结果，也是人类进一步创造新知识，取得新成就的基础。从知识累积的角度考虑，创新就是不断吸收新知识、新思想的活动。所谓创新文化，必然积极鼓励社会各阶层凝聚科学共识、追求科学突破、共享创新成果。在中关村，公众科学素养水平普遍较高，尊重科学、热爱科学已经成为大众普遍认可的价值规范和行为模式，绝大多数人推崇科学、热爱科学，都将把握人类科学技术发展的潮流看作区域发展的关键大事。

第二，中关村创新文化是知识报国的文化。中国的知识分子自古以来就以"治国平天下"为己任。许许多多的中关村创新者继承了这一传统，并结合现代知识经济的特点，选择用知识报国作为人生的座右铭。新中国成立后，中科院等科研院所和"八大院校"在中关村相继建立，以邓稼先、钱学森为代表的知识分子怀着强烈的爱国情怀，从条件优越的西方回国创业，克服重重困难，通过科技创新的手段推动了新中国国家重大战略的建设。20世纪90年代之后，许多留学生放弃国外安稳的生活、可观的收入及优越的科研环境，怀着产业报国的梦想毅然回到中关村，为我国科技创新和产业升级贡献力量。直至今日，知识报国已然成为中关村人普遍共享的价值理念，是推动中关村创新发展的伟大精神力量。

第三，中关村创新文化是注重传承的文化。创新与传承是同一个体系，而非对立的两面。创新不是无中生有，而是"站在巨人的肩膀

---

① 共忆燃情岁月 中关村精神照亮创新之路[EB/OL]. https://baijiahao.baidu.com/s?id=1619530412622437132&wfr=spider&for=pc.

上"，根据前人奠定的基础，不断突破而取得的更进一步的成果。创新文化推动创新者通过创造性思维，以崭新的方式解决前人没有解决的问题，因而创新具有很强的继承性。在科技发展迅速和竞争日趋激烈的今天，能否借鉴前人成功与失败的经验教训，已成为决定创新成败的一个重要条件。中关村的互联网科技、智能芯片等很多重大科技成就，都是经过几代科技工作者不断传承、不断进步、不断创新而最终赶上世界先进水平。同时，正是由于第一代互联网创业者和政府管理者搭建了各种创新平台、投融资机制，新一代的中关村人才把握住了移动互联网和人工智能的科技浪潮，推出了生态链企业小米、国内首个在纳斯达克上市的创业型生物制药企业百济神州、最早一批创业孵化投资机构创新工场等一大批新经济、新业态。

第四，中关村创新文化是勇于突破的文化。创新的动力源于对现状的不满足和对未来美好的想象。创新者常常因为现存的科学技术、管理制度、理论方法不能承载起人类日益丰富的想象力和追求更高标准、更大效益的生产和生活方式而奋发图强、孜孜不倦地尝试构建各种更富于解释力的新思想，提出各种新方案和新思路。创新的过程首先是质疑和发现问题的过程，这常常意味着对旧有观念和逻辑的扬弃。因此，创新文化本质上是批判的革命的文化，是反思的怀疑的文化，是勇敢者的文化。历史上，支持哥白尼的"日心说"这一创新型学说的意大利哲学家布鲁诺被天主教势力烧死，物理学家伽利略被判入狱。现实中，中关村大量的企业家为了实现更大的成就，将毕生积累的财富投入到新产品的研发中以及新商业模式的运营中，常常要承担巨大的风险和压力。只有少数敢于面对失败的勇敢者才能担负得起创新的重任，只有敢于创新的勇敢者才能打造破旧立新的创新文化。

第五，中关村创新文化是追求公正公平的文化。创新是对旧秩序的颠覆，而旧秩序中的权威更容易成为创新的反对者。多年来，中关村的院所高校、企业、政府等机构持续营造真理面前人人平等的社会文化氛围，将追求公平公正作为区域文化的核心理念。一是摒弃了论资排辈的传统观念，保证创新创业活动的话语权的公正公平。从中关村创新发展的实践来看，众多的创新成就出自年轻人之手。李彦宏发明"超链分析"时年仅28岁，印奇创办掌握人工智能领域前沿技术的公司旷视科技时年仅25岁。青年时期是大多数人思维最敏锐、创新激情最高涨的时期，也是最容易产生重大科学发现、技术发明的阶段。然而，青年人在与已成名的学术权威的论辩中常常拥有很少的话语权。他们新颖的思想观点很可能因某些权威的否定而被扼杀。因而，为了鼓励青年人才的创新，必须要摒弃论资排辈的传统观念，让真理面前人人平等成为社会的基本共识。二是坚持在实践中不断推进改革，保证创新型企业能够在市场中公平竞争。中关村的科技企业大多数属于民营企业，尤其是中小型企业。这些企业的生命力在于创新，但是，过去常常面临着不够友好的营商环境，面临着垄断型企业的绞杀。中关村有针对性地解决了中小型民营企业发展中的融资、准入、税费优惠等问题，坚持对国有和民营经济一视同仁、对大中小企业平等对待，使创新型企业能够依靠创新获得竞争优势，不断壮大、发展。

第六，中关村创新文化是开放包容的文化。创新活动是各种主体、各种思想相互碰撞的结果。只有开放包容的文化氛围，才最有利于创新创业活动的开展。40多年来，中关村以海纳百川的开放气概不断集聚全球创新创业资源，同时，又以有容乃大的包容态度为创新创业者提供了最优越的创新环境。一方面，中关村不断畅通国际人才通道，吸引全球人才为我所用。通过建设国际人才社区、国际人才研究院、国际人才港等工程，积极打造"类海外"人才生态环境，实现海外人才能引得来，也能留得住，助推中关村抢占国际高科技领域制高点。另一方面，中关村已将"宽容失败"写入发展规划，构建共担试错成本的机制，培育了包容失败的创新文化。中关村对创新型小微企业，实施了50万元以下的无抵押无担保贷款，最快1天即可放款。一旦高科技小微企业因经营不善难以如约还款，政府及金融机构将承担一定比例的坏账风险，为企业创新活动解除了后顾之忧。

二、中关村创新文化的结构

中关村创新文化是几代中关村人集体创造的重大成果,不仅内涵丰富,还同时存在很多个维度。从其存在的形态看,可划分为精神文化、制度文化、物质文化。从创造中关村创新文化的主体看,可划分为企业文化、院所高校文化、政府文化和社区文化。从其存在的空间尺度看,可以划分为区域文化、城市文化、开放文化。

(一)中关村创新文化的形态结构

从存在的形态来看,中关村文化包括精神文化、制度文化、物质文化。其中,精神文化是内核,物质文化是精神文化的外在表现,而制度文化体现的是精神文化的要求,并成为精神文化的保障。

精神文化是中关村文化的核心层次,是其他两个层面文化的核心,是中关村文化的灵魂。中关村精神文化体现在敢于冒险、鼓励竞争、追求创新、重视回报。

制度文化是保证精神文化能够贯彻落实的制度与规则。中关村的发展从一开始就不是依赖诸如零地价、零税收等直接经济"优惠"政策"培养"出来的,而是通过体制机制改革和制度创新激发创新创业活力"释放"出来的。这是中关村独具特色的制度文化发挥作用的结果。

物质文化处于整个中关村创新文化圈层的最外围,是影响中关村文化的直接物质因素。首先,中关村发展过程中塑造了独特的园区文化景观。这些园区在空间上临近,2万多家企业分布在一区十六园488平方公里内,地域上的接近使企业之间大大降低了信息沟通成本,形成有机联系的网络。其次,中关村创业者们将他们的创业精神用雕塑、建筑等代表物与某些特定仪式固化下来,传承下去,使中关村的精神得以发扬光大。典型的如1992年建立的原名为《生物链》的双螺旋雕塑,向世人展示了中关村崇尚科学、热爱创新的文化理念。最后,中关村创业大街建立了创业会客厅、黑马学院和车库咖啡等机构,创业者利用这种非正式场合的非正式交流,实现了信息传递、创意激荡，催生了许多技术上的、工艺上的、营销上的、管理上的创新。

（二）中关村创新文化的主体结构

中关村的创新文化是集体智慧的结晶，是企业、院所高校、政府和社区等多元主体互动的结果。各种主体主动适应时代的脉搏，彼此交相辉映，共同绘就了伟大的发展蓝图。在这一过程中，各种主体不断改变着中关村，同时也被中关村所塑造。企业、院所高校、政府、社区等多元主体各自的文化氛围与中关村创新文化凝聚在一起，已然成为中关村创新文化不可分割的一部分，企业文化是中关村创新文化的核心内容。企业是创新的主体，是推动创新的生力军。中关村创新文化的繁荣，主要是因为这里集聚了一大批影响波及海内外的创新型企业。无论是旷视科技、百度这类科技创新型企业，还是小米、美团、ofo这类模式创新型企业，都通过它们的创新业绩深深地影响着中关村其他企业的发展模式。由于这些创新型企业的科学技术往往和中关村院所高校中的科研人员有着直接或间接的联系，也带动着院所高校创新文化氛围的发展。创新型企业缴纳了大量的税收，间接影响着政府的创新创业政策。此外，创新型企业的很多员工居住在周边的社区，也推动着中关村社区文化倡导创新、热爱创新。

院所高校文化是中关村创新文化的知识源泉，是"企业文化之母"。科研人员是科技创新的一线部队，是创新的重要来源。院所和高校则是孕育科研人员的母体。在中关村，院所高校甚至还是很多企业最初的创立者，是原始的大股东。院所高校中的院士专家科研人员很多是科技企业的合作者，还有不少是政府的重要智囊，同时为企业和政府贡献着科技知识和管理知识。此外，院所高校的家属宿舍也在周边社区，进一步增强了中关村的创新文化氛围。

政府文化是中关村创新文化的保障力量，是企业创新环境的主要建设者。中关村企业的创新活动、院所高校的体制改革，都是在得到了政府的大力支持后才日益发展的。从陈春先创立第一家民营科技企业开始，到近年来京东方等企业成长为世界领先的科技企业，都离不开政府在政策或资金上的扶持。

社区文化是中关村创新文化的基础部分，是中关村创新氛围的重要营造者。社区没有直接影响企业家和科研人员的创新行为。但是，社区的各种文化活动对于创新文化进行了广泛的宣传，使得中关村区域内外的各界人士充分认识到创新的重要性，从思想上凝聚了各种创新的力量。

（三）中关村创新文化的尺度结构

中关村创新文化在空间上呈现类似圈层的分布，是存在于不同空间范围、不同空间尺度的中关村区域文化、北京城市文化、面向全国和世界的开放文化相互交织的结果。

中关村区域文化是中关村创新文化的"内核层"。中关村区域是科技企业、院所高校、高端人才的集聚区。中关村创新文化的主要缔造者均来自于这里。这些主体通过生产实践、技术交流、文化活动等各种方式不断碰撞出创新的火花，打造了中国科技创新产业的高地。中关村在取得一个又一个伟大成就的同时，也塑造了区域的品牌。中关村的企业家、科学家、政府管理者乃至普通居民，都将作为"中关村人"看作一份特殊的荣耀。

北京城市文化是中关村创新文化的"依托层"。目前，中关村从最初海淀的一个园区，已经逐步发展为"一区十六园"，覆盖北京所有区。中关村创新文化与北京城市文化已经深度融合在一起。北京作为首都，定位为全国科技创新中心，已经谋划了包括中关村科学城、怀柔科学城、未来科学城、北京经济技术开发区在内的"三城一区"的科创产业布局。大量的产业园区不仅为创新创业活动提供了空间载体，更重要的是，通过具体的产业项目、企业、机构等将北京"爱国、创新、包容、厚德"的城市精神凝聚到具体的创新实践中去，进一步推动了中关村的创新发展。比如，北京市发布了发展高精尖产业的系列政策，大力支持科技创新产业的发展。

面向全国和世界的开放文化是中关村创新文化的"延伸层"。当今世界，只有秉持着开放包容的态度才能屹立于世界科技创新的前沿。中关村创新文化不仅鼓励创新创业者在北京本地创新发展，还鼓励他们开放流动，积极与国内外各地的企业和机构合作。40多年来，正是凭借着开放发展的策略，中关村才持续取得了我国科技创新领域的重大成就。一方面，中关村紧扣国家战略需求，加强国内区域合作。依托中关村的科技优势和在投融资、企业管理等领域的丰富经验，与京外省市合作共建了"天津滨海—中关村科技园""曹妃甸绿色环保示范基地"等一大批特色园区，有力地推广了中关村的品牌、文化和标准体系。另一方面，中关村突出开放发展，不断提高国际竞争力。通过实施全球顶尖科学家及其创新团队引进计划、打造开放式产业模式、融入全球创新网络等方式显著增强了集聚国际创新要素的能力。

第二节　中关村创新文化的属性

中关村创新文化是改革开放以来,在党的路线方针指引下不断发展的产物,是全体中关村人几十年来不断积累的思想智慧的结晶,是在集聚全球创新创业人才基础上不断改革创新的成果,具有鲜明的时代性、实践性、人民性和开放性。中关村创新文化的时代性体现在,倡导顺应时代需求不断解放生产力。中关村文化伴随着改革开放而来,适时地响应了国家和民族对于解放和发展生产力的迫切需求,推动了科技创新事业的飞速发展,满足了人民群众对于科技文化生活的需要。中关村创新文化的实践性体现在,鼓励科技创新要面向经济社会主战场。40多年来,中关村人秉承着知识报国的理念,始终将通过创新引领来解决我国经济社会发展中的重大问题为己任,在实践中不断创造新的科学技术,不断应用新的科学技术推动经济社会发展。中关村创新文化的人民性体现在,相信群众、依靠群众探索科技创新路。在中关村科技创新发展的进程中,政府、企业以及各界充分尊重和发挥知识分子的首创精神,鼓励其大胆探索、勇于创新,不断开辟科技创新事业的新局面,高度凸显了人民的主体地位和创造活力。中关村创新文化的开放性体现在,营造开放包容的创新环境,40多年来,中关村人坚持深度融入全球创新网络的水平,以其海纳百川的气概,打造了开放式产业模式,吸引了包括大批归国留学人员在内的世界一流的创新创业人才,极大地提升了我国科技创新的实力。

一、时代性:顺应时代需求解放生产力

"时势造英雄",中关村的创新创业英雄和其创造的中关村文化是改革开放的历史大背景下的产物。改革开放以来,中关村作为我国原始创新的策源地和对外开放的桥头堡,主动作为,把握住了不同时代的科技浪潮,带动了我国经济社会的持续快速发展。在这一进程中的每个阶段,中关村的科学家、企业、政府等各种主体围绕科技创新凝

聚共识、开阔思路，创造了富于时代特征、与时俱进的中关村文化。

20世纪80年代，中关村第一波自主创新主要来自于高等院校和科研机构在电子信息领域的创新创业，中关村人依靠本地资源初步创造了产、学、研密切合作交流的创新文化。中关村区域是我国顶级的科研机构和高校集聚区。中科院、北大的科技工作者勇于突破，抓住80年代电子计算机技术发展的浪潮，将技术产业化，催生了联想、方正等一批国际知名的领军企业。同时，企业逐渐成为科技创新主体，并在一些关键领域取得重要成果。典型的如联想集团研制的"联想EISA486/50微机"及测试系统、清华同方威视技术股份有限公司研制的加速器辐射源移动式集装箱检查系统、北大维信生物科技有限公司研制的"血脂康胶囊"等。以王选、倪光南、王缉志等为代表的一批科研工作者充当了改革开放的探索主体，在中关村创立了两通两海、联想等一批民营科技企业，通过将科技与经济紧密结合创造了信息经济飞速发展的神话。

20世纪90年代末开始，留学归国创业人员加入中关村创新创业中，成为我国自主创新的又一巨大源泉，彰显了中关村创新文化的又一特质：知识报国的爱国情怀。从1997年中关村出现了第一家留学人员创业园——中关村科技园区海淀园创业服务中心以来，留学归国人员由1999年的约1000人增长到2008年的7802人，十年间增长了近7倍。中关村地理位置优越，国际联系密切，成了海外学子归国创业的最佳落脚点。一批批学成归来的科技人才紧追全球互联网科技革命的步伐，把在国外学到的新科技带入国内。1993年，麻省理工学院博士张朝阳回国创建了爱特信公司以及其品牌网站搜狐网，推进了我国门户网站的发展。1999年10月，留美博士邓中翰回到中关村，与国家信息产业部共同创建了中星微电子有限公司，成功地开发出中国第一个打入国际市场的星光中国芯，结束了"中国无芯"的历史。2000年1月，在美国持有"超链分析"技术专利的搜索引擎顶级工程师李彦宏归国创建了百度，迅速地将我国在搜索引擎领域的发展水平提升到世界前列。这些海外学子回到中关村创新创业，既取得了个人的成就，也实现了知识报国的初衷。

　　进入21世纪之后，中关村人主动适应经济全球化的深度发展，发扬敢为人先的精神和海纳百川的气概，在体制机制、科技创新和产业发展方面取得了新一轮的突破。首先，中关村建立了由国家大力支持但支持方式发生根本性改变的新型研发机构，进一步激发了创新活力。比如，北京生命科学研究所拥有人员聘用、经费使用自主权的新机制，显著提升了科技创新的效率，快速地实现了在生命科学和生物医药领域的颠覆性创新，累计在《自然》《科学》《细胞》三大国际顶尖科学刊物上发表高水平论文40余篇，跻身国内外同类领域研究机构第一方阵。其次，随着政府对于创新基础设施投资的不断增加，中关村企业已经成为创新的真正主体，并且在新一次的科技浪潮：5G通信技术和人工智能（AI）领域已经处于全球领先。其中，大唐电信已经形成了完整的5G系统方案。百度、京东等企业的云端人工智能技术入选《麻省理工科技评论》发布的2018年全球十大突破性技术。最后，中关村涌现了一大批新经济、新业态。近年来，中关村吸引了一大批天使投资、创业投资、股权众筹等机构，社会资本驱动优势显现，大大地加速了企业创新发展的过程，助力中关村一批创新型企业快速壮大。包括国内最大的生态链企业小米、国内首个在纳斯达克上市的创业型生物制药企业百济神州、最早一批创业孵化投资机构创新工场等都在这一阶段成长起来。中关村采取了包容式发展的策略，在发展中规范，在规范中提升，很好地促进了新经济的快速增长。在面对尚不熟悉的新产业、新业态、新模式时，主管部门密切防范风险的同时，设置了一定的观察期，把选择权交给了市场。本着鼓励创新、包容审慎原则，营造新兴行业宽松准入环境，建立了审慎包容的新监管模式。

二、实践性：坚持面向经济社会主战场

　　中关村是我国改革创新的一面旗帜。中关村人秉承知识报国的理念，始终将通过创新引领来解决我国经济社会发展中的重大问题为己

任，在实践中不断创造新的科学技术，不断应用新的科学技术推动经济社会发展。

中关村科学家和企业怀有全力服务国家战略的责任意识。改革开放以来，我国经济社会取得了飞速的发展，这离不开科学技术的重要支撑。中关村的科学家和企业怀着勇于担当的责任意识，通过一系列的原始创新围绕国家重大战略需求不断取得新突破，在国家重大工程和国防建设中发挥了重要支撑作用。中关村企业、科研机构参与了嫦娥工程登月计划、神舟飞船、青藏铁路工程、奥运火炬珠峰登顶等多个国家重大工程的技术攻关和建设，为项目实施提供了强有力的支撑。在国家的重大战略工程及国家安全领域，一批中关村企业发挥了重大作用。曙光、中科联创等相关技术产品在我国国防与国家安全领域承担重要任务。在神舟五号和六号载人飞船项目上，中关村企业以自己的产品和技术向全球展示了提供高端产品的研发和生产配套能力。在面对2003年的"非典"疫情和2020年的新冠肺炎疫情时，中关村的科兴公司和国药集团研制的灭活疫苗达到与发达国家同步水平，不仅为国内应对疫情提供了及时的解决方案，还将疫苗送出国门服务于世界人民，为提升国家形象做出了重要贡献。

中关村政府部门拥有全力服务企业发展的政务文化。企业是现代社会中实现科技和经济紧密结合的核心力量，应该成为创新决策、研发投入、成果转化的主体。改革开放以来，中关村不断围绕产业链部署创新链，围绕创新链部署资金链，大力推动自主创新。一方面，中关村不断打造服务型政府、强化企业创新主体地位，围绕企业的全生命周期构建了涵盖初创、"瞪羚"、"独角兽"、领军等不同阶段的服务体系。另一方面，中关村各级政府引导社会资金对研发关键核心技术的企业持续跟踪投入，支持高精尖产业的重大项目建设。很多从事重大核心技术研发的企业需要经历很长的"爬坡期"，其间无法取得利润，并且风险很大。多年来，中关村通过适当的行政协调，充分发挥了社会主义市场经济条件下行政或半行政主导的信息或交易平台的作用，帮助企业进军关键核心技术领域并迅速站稳脚跟。比如中关村管委会等管理部门通过协调政府资金、引入社会资本，以及定向增发股票等方式对龙芯中科、京东方等科技企业持续跟踪投入，解决了它们的资金瓶颈，促使其通过自主研发和跨国收购等方式掌握了高性能的通用芯片以及世界一流的显示屏技术，突破了我国电子工业"缺芯少屏"的困局。

三、人民性：依靠群众探索科技创新路

人民性是中国体制最突出的特点。中关村是中国改革开放的缩影，其文化的核心特征之一是一切为了人民、一切依靠人民。人民群众是历史的创造者，尊重人民的首创精神，是历史唯物主义观点和"以人民为中心"思想在改革开放过程中的生动体现。中关村的发展中，政府、企业以及各界充分尊重和发挥知识分子的首创精神，鼓励其大胆探索、勇于创新，不断开辟科技创新事业的新局面，高度凸显了人民的主体地位和创造活力。

中关村首创引领我国科学技术产业化发展的新道路。中关村将"硅谷模式"引入国内，打破原有僵化的科研体制束缚，充分释放科研工作者的创新创业热情，将手中的发明、技术和知识转变为产品，成了带动国内科技产业发展的桥头堡。而推动实现这一转变的正是中关村的人民群众。

中关村不断自下而上探索科技产业发展新机制。中关村管理部门先行先试各项管理政策，从股权、税收优惠等多个方面给予科研人员的首创精神以切实的尊重。率先实施的股权激励、产权改制、科技成果"三权"和知识产权保护等方面的一系列改革，在激励企业创新活力方面发挥了重要作用。按照原有制度，高校的科研成果属于国家，出售价格过低，涉嫌国有资产流失。同时，由于转让的收益扣除奖励后，要全部上缴，学校和科技成果的持有人对转化的积极性普遍不高。在中关村示范区试点新政后，800万元以下的科技成果可以自主处置，部分转让收益留给科研单位，技术转让（科技

成果处置）项目大幅增长，显著提升了科技成果的转化效率。

四、开放性：吸引全球创新企业和人才

习近平总书记多次指出要以全球视野谋划和推动科技创新。经济全球化背景下，企业由封闭式创新转向开放式创新，并构建起全球创新网络。任何国家科技创新的发展都不可能彻底离开与世界其他国家的交流与合作。只有通过主动布局和积极利用国际创新资源，打造各种层次的合作伙伴关系，才能最大化地挖掘自主创新的潜力。即使在面临美国史无前例的技术封锁之际，华为总裁任正非仍然强调在创新问题上"华为要拥抱世界，依靠全球创新"。事实上，只有在更深层次上融入全球创新网络，结交更多的国际合作伙伴，才能更好地避免遭到单一国家的技术封锁，才能持续推进我国科学技术取得长足的进步和发展。中关村人始终秉持着开放和包容的态度，不断深化融入全球创新网络的水平，以其海纳百川的气概，打造了开放式产业模式，吸引了世界一流的创新创业人才。

中关村积极探索和打造开放式产业模式。中关村科技园区主动与国际接轨，通过多种方式不断增强集聚国际创新要素的能力。一方面，中关村积极引入国外研发机构。截至2016年年底，《财富》世界500强企业苹果、微软、英特尔、IBM、西门子、三星等130家企业在中关村科技园区设立子公司或研发机构。另一方面，中关村通过推动企业境外上市和吸引国外风险投资等方式积极利用外资。截至2016年年底，已有百度、京东等超过102家企业在境外资本市场上市，有上市潜力的独角兽企业超过65家，占据全国一半。同时，以IDG资本为代表的国际风险投资大规模进入中关村，大力推动新经济新业态的发展，培育出电子商务企业京东、生态链企业小米、移动出行企业ofo、网络订餐企业美团等一批全国知名企业。

中关村打造"类海外"环境，吸引全球创新创业人才。具有高度创新能力的人才是实现创新驱动和高质量发展的中流砥柱。中关村40多年来不断会聚海内外英才。一方面主动打破传统院所体制，扶

持和挖掘本地创新人才。鼓励科研人员"下海"创业，通过股权激励等方式满足创新人才"获得感"和"归属感"。另一方面，借助高校和科研院所云集、学术交流频繁、科研设备共享、创新氛围浓厚等优势，积极引入国际先进理念、规则、习惯，打造"类海外"人才生态环境，实现国际人才"进得来""留得下""干得好""融得进"。截至2016年年底，中关村中央"千人计划"累计1188人，占北京80%，占全国20%。当前，我国很多地区对人才的聚集能力较弱。这就需要结合本地实际情况，大力推进人才制度改革，对人才进行分类管理。大力培育本土人才，积极引进海外高层次人才。大力支持高校院所、园区、孵化器等与国外机构合作，共建海内外人才创业园或投资基金，吸引海内外高端人才开展跨区域创业、联合承担重大项目，合力开展关键技术研发和产业化。同时，着力打造舒适的居住和生活环境，为外籍人才出入境，外籍人才及子女医疗、教育、就业等提供便利。

第三节　中关村创新文化的主体类型

中关村创新文化是中关村各类人才集体智慧的结晶，是中关村各类主体创新创业精神的集中体现，具有丰富的内涵，从形态结构、主体结构和空间结构都可以划分出不同的类型。创新文化是开放包容的文化，具有多元主体频繁互动的突出特征。企业、院所高校、政府和社区等各类主体是中关村文化的直接创造者，深深地嵌入于中关村创新文化的每个层次。我们选择从主体结构（类型）这一维度进行分析，从而能够更为深入而具体地理解和认识中关村创新文化。

中关村创新文化的主体包括企业、院所高校、政府和社区等。40多年来，各种主体主动适应时代的脉搏，彼此交相辉映，共同铸就了中关村改革创新的伟大发展蓝图。首先，联想、京东、小米等中关村企业秉持了中国传统的儒家诚信文化，延续了改革开放后的实事求是的务实态度，以用户为核心，不断开拓进取，创造了独特的中关村企业文化。其次，中关村拥有以清华、北大、中科院为代表的68所高等院校、213家科学研究院所。中关村的大量民营企业，也是由这些高等院校的教师和毕业生创办的。院所高校中大批优秀的科学家为在中关村创新发展中提供了源源不断的智力支持，同时也创造了中关村特有的紧密联系创新实践的院所高校文化。中关村的院所高校在体制放开后，建立了很多下属科技企业。这些企业的文化与高等院校文化有着千丝万缕的联系。可以说，校园文化是中关村的"企业文化之母"[1]。最后，中关村的管理部门依据中关村自身特点在管理体制机制方面进行了创造性革新，创造了政府引导与基层创造性相结合，先行先试、不断改革创新的政府文化。最后，中关村是众多高级知识分子的居住地，中关村的街道结合辖区实际，发挥人才资源密集的优势，

---

[1] 马仲良，许黛.中关村企业文化刍论[J].北京行政学院学报，2003（03）：44—48.

组织社区创新文化活动，营造了崇尚知识、包容开放的中关村社区文化。

一、企业文化

中关村的科技企业最初有三种形式：一是"民办官助型"，主要由离职、辞职的科技人员自由组合，或者由高等院校的教师自己组织起来，与海淀区单位合办的集体科技企业，区政府在税收、信贷等方面给予支持，以"京海""四通""海华"为代表。二是"官有民办型"，主要是由国家科研机构与海淀区单位共同投资入股或借资联办，由科技人员管理经营的集体科技企业，以"科海""信通"为代表。三是"全民科技企业"，主要由国家科研单位或高等院校独立兴办，由科技人员经营管理，以"三环""希望""中国科学院计算所新技术发展公司（联想集团前身）"等多家中科院系统的公司为代表。三类公司大多采用了"自筹资金、自由组合、自主经营、自负盈亏"的创办原则和技工贸一体化的经营模式，突破了计划经济体制下创办企业资金靠政府拨、编制靠政府划、经营靠政府主管部门定、盈亏靠政府平衡的"四靠"模式。而实现这种突破的原因与中关村独特的企业文化不无关系。40多年来，中关村企业已经建立了一套富于地域特征的企业文化体系，突出特征表现为诚信的精神、务实的态度和包容的观念。

（一）诚信的精神

受儒家文化的影响，中国商人具有诚信厚德的传统。中关村企业不仅继承了这一美德，还将其与西方文化中注重产品质量的理念相结合，在改革创新中秉持着诚信的精神，不断赢得用户和合作伙伴的口碑。

中关村企业怀有对产品质量诚信负责的态度。中关村作为我国高新技术产业发展的主阵地，在追求科技进步的同时，积极探索社会诚信的体系建设，在勇攀科技高峰的同时，严格控制产品质量。中关村软件行业订立了《可信中关村公约》(以下简称《公约》),向社会发出了信用承诺,为消费者带来了信用保障。《公约》中承诺"购物零风险"——凡是消费者购买盟约企业的可信产品,如果不满意,可获无条件退款。与此同时,一旦因消费者投诉,并经行业协会查实,企业将直接从"盟约企业名单"中除名,有效地推动了企业对产品质量的重视。

中关村企业高度重视与商业伙伴的诚信合作。中关村迅速崛起多个新兴产业,与中关村的天使投资、银行等金融机构的支持有着极为密切的关系。一方面,中关村企业以诚信的精神赢得天使投资、风险投资等合作伙伴的支持。天使投资人主要依靠个人的判断力去投资,创业者的诚信对天使投资是最重要的。比如,雷军在金山工作时建立了讲诚信的口碑,为其后来创立小米科技吸收天使投资、风险投资创造了良好的条件。在诚信精神的指引下,中关村企业与天使投资、风险投资建立了良好的合作关系。目前,中关村独角兽企业已经超过70家,在全球仅次于美国硅谷。这其中除了中关村企业科创实力强大、发展潜力巨大的原因,也有中关村企业家诚信精神的功劳。另一方面,中关村企业注重从机制上赢得客户信任,成立了中关村企业信用促进会。从2011年开始,每年会依据企业在贷款期间按息还本的情况评定企业的信用星级,再根据企业多年的信用星级,评定"最具影响力"和"最具发展潜力"的企业各100家,简称"信用双百"企业。这些企业可以优先获得金融机构提供便捷优惠的融资服务,进而引导企业进一步诚信融资和借贷。

(二)务实的态度

中关村在一张白纸的基础上发展为举世瞩目的科创中心,与中关村人务实的态度息息相关。一方面,他们追求在现有的制度框架下,逐渐突破藩篱,采取了很多务实的策略,推动了民营科技企业的发展。另一方面,在当年没有风险投资的前提下,中关村的民营科技企业走出了一条先依靠外贸积累原始资金,进而再投资科技的"贸工技"发展道路。

  首先，中关村人采取务实的策略冲破了制度的藩篱。1980年，陈春先成立了北京等离子体学会先进技术发展服务部。1983年，陈春先在中关村进行的试验获得了中央领导同志的肯定之后，无数民营科技公司竞相效仿这一做法。除了科研人员"下海"开办企业外，中科院也开始自办公司。1988年，中科院实行院内科学研究管理和创办科技企业两种管理制度，正式宣告打破了国有科研机构的体制机制壁垒。回顾这一历程，中关村人之所以能够走出创先发展的新路，不仅仅依靠想法和魄力，勤恳务实的态度也非常重要。在时机尚不成熟之时，先行先试一些变通的举措，在实践中摸石头过河，进而通过实践中的成果来影响决策，不断探索适应国情的科技产业化新路。

  其次，中关村企业根据发展阶段选择了较为适宜的发展道路。在企业发展模式中，有所谓"贸工技"和"技工贸"之分。"贸工技"是指通过销售他人原创的产品，实现一定的原始积累获得一定的效益和基础之后，再去开发新技术、新产品，寻求更多更大的新利润增长点。"技工贸"强调从一开始就优先开发新技术、新产品，以核心技术作为企业的主要竞争力，通过加工生产和销售，实现新技术、新产品所带来的丰厚利润。在中关村民营科技企业发展的初期，除了联想、方正、四通等少数企业依靠着国内领先的文字处理、中文排版和中文打字技术取得了一些原始积累外，大多企业没有自己的研发产品。为了积累创业的"第一桶金"，它们中的绝大多数将目光放在了电脑及元器件的销售上，也就是单纯地做"贸工技"中的贸易。20世纪80年代初，当电脑开始进入中国的时候，中国并没有现成的销售渠道。当时电脑属于高科技产品，操作难度和经营难度比今天要大得多，非电脑专业人员难以驾驭。中关村电子一条街的兴起，让电脑在民间的流通渠道自发形成了。新兴的科技型企业或者从进口商那里批发来电脑产品，或者将自己和外商谈好的单子委托有进出口权的外贸公司代理进货，然后销售给大众。试图在积累了第一桶金之后，再尝试逐步向制造加工、科创研发层层突破，不断升级产业结构。

（三）专注的理念

中关村是我国自主创新的主阵地，坚持"发展高科技、实现产业化"的宗旨，专注于互联网为代表的高新科技产业，引领了全国科技创新的潮流。中关村管委会披露中关村2018年总收入超过5.8万亿元，高精尖产业总收入占比达七成以上，为北京高质量发展提供了有力支撑。

中关村的企业专注于科技产业。中关村是高新技术产业集聚区。区域内的企业一直专注于科技类产业。即使在房地产最为火热的年代，区域中也极少有企业从事这类没有高科技含量的产业。即使在中关村科技园建设过程中发展起来的北京中关村科技发展（控股）股份有限公司，近年来，也先后剥离了全国范围内的大量地产业务，将主要方向聚焦于医药健康这类高新技术行业。

中关村企业专注于创新突破。中关村的企业基本上都是创新型企业。其中，有的企业更注重科技创新，如百度、360等；有的企业更注重新业态新模式的创新，如小米、美团等。在中关村，创新是企业安身立命的根本保障。没有创新，就没有资金来源，就没有竞争优势。专注于各种类型的创新，是中关村企业文化的重要特征。

（四）开拓进取的追求

中关村是首都北京智力资源的中心，是国内顶尖科技人才的聚集之地。从中关村发展的初期，中关村人就给自己定下了远大的发展目标，并将西方文化中的"勇于探索、崇尚创新、宽容失败"的先进思想融入中关村企业的文化中。中关村电子一条街许多科技企业在其成立初始和发展过程中都有既定的方向，以世界上某一个先进企业为目标，进行全方位的优化配置[1]，努力跻身世界先进企业之林。比如，

---

[1] 彭树堂.中关村电子一条街企业文化初探[J].中国软科学，1989（03）：22—25.

起步于乡镇企业的四通公司将目标定位为"中国的IBM";科海公司立志要成为"中国的西门子"。随着时间的推移,中关村的这种勇于开拓进取的企业文化也在不断地传承。

(五)用户至上的观念

中关村的互联网、医药健康等科技产业生产的都是直接面向消费者的消费品。从20世纪80年代开始发展,就一直有关注用户需求的传统。40多年来,中关村人把握住了科技浪潮的变化的同时,也牢牢把握住了用户需求的变化:从20世纪80年代关注于汉字的输入法、打字机,到90年代关注于门户网站、搜索引擎,进入21世纪之后关注于手机App等移动互联网产品,再到近年,开始向人工智能领域拓展。每一次科技浪潮的背后,是消费者对产品更高性能、更多功能、更高品质的渴望。中关村人始终保持着用户至上的理念,不断提升产品功能和质量,满足客户日益增长的需求。近年来,随着网络产品的日益丰富,卖方市场日益向买方市场转变,客户的需求在互联网科技产品的发展中的地位越发增强。用户至上、创造满足用户需求的产品成了中关村人的普遍共识。这其中最杰出的代表就是小米科技,凭借着互联网思维和良好的用户口碑,赢得了大批"小米粉丝",创造了一种新型的生态链企业——小米科技。

二、院所高校文化

首先,紧邻国内顶尖科研机构清华、北大、中科院等院所高校,为中关村的发展带来了源源不断的智力源泉,更为其储备了深厚的历史底蕴和丰富的内容。中关村的院所高校在体制放开后,建立了很多下属科技企业。这些企业的文化与高等院校文化有着千丝万缕的联系。可以说,校园文化是中关村的"企业文化之母"。其次,科研院所和高校不仅是科学技术的研发中心,也是现代文明的前沿,是各种新理念、价值观的传播中心。中国近代史上,倡导"民主""科学"的新文化运动,就是由以北大为代表的高等学府的学者发起和推动的。改革开放后,陈春先等来自院所和高校的优秀知识分子代表,最先创办了科技企业,推动了科研成果向生产力的转化[①]。中关村的院所和高校勇于打破旧有的制度藩篱,先行先试多种新机制、新办法,创造了科技成果转化的一段又一段佳话,营造了中关村特有的院所高校文化。

(一)求真求实的科学精神

位于中关村的中科院、北大、清华等国内一流院所高校是国内顶级科学家的工作之地。中关村的飞速发展,与工作在这里的科学家群体的原创贡献有着莫大的关系。在不同的时代,他们始终秉持着求真求实的科学精神,做出了对于国家经济社会发展至关重要的科学贡献的同时,不断将这种精神传承和发展。

20世纪80年代初,以中科院的倪光南、北大的王选和冶金部自动化研究所的王缉志为带头人的中关村科学家,发明了汉字输入法、汉字激光照排系统以及汉字打印机,引领中国进入了信息化时代。21世纪初,本科毕业于北大的李彦宏将在美国学习和研发的搜索技术带回中国,带动了中文搜索引擎取得了飞跃性的发展。2008年之后,本科毕业于清华大学的施一公、本科毕业于北京师范大学的王晓东从美国学成后归国,带来了国际一流的生命科学研究成果,带动我国进入国际生命科学研究的前列。

近年来,中关村依靠中科院、北大、清华等院所和高校的科研根基,自力更生、勇于突破,在虚拟现实、自动驾驶、人工智能芯片、量子点光谱仪、脑部手术机器人和液态金属材料及应用等前沿科技领域获得引领全球发展的重要国际标准和知识产权,在全球科技创新领域实现了由跟跑者向并跑者,甚至少数领域的领跑者的角色转变。

---

① 邓丽姝.浅析中关村的高校、院所文化和企业文化[J].中国科技论坛,2004(02):114—118.

（二）灵活务实的工作思路

改革开放的过程，是打破旧有的制度藩篱，建立新机制、新机构的过程。这既需要勇于面对客观事实，大胆改革，不断实现政策突破，也需要灵活的思路，巧妙地在原有制度框架中寻找破解在改革中出现的新问题、新现象的思路。中关村人展现出的灵活而又务实的工作作风，正是推动中关村不断发展的核心力量之一。通过在原有制度框架下寻求突破，主动适应新形势下的科技创新局面，以中科院为代表的科研院所先后探索建立"一院两制"、要素自由流动机制等重要制度，极大地释放了科技创新的活力。

探索建立科研院所"一院两制"体制机制。改革开放初期，我国的科研院所体制主要是参照苏联模式，并按照计划经济管理的方式建立起来的，国家和地方政府是科研院所唯一的投入主体。在传统院所体制下，科研机构完全隶属于各级政府，按照政府下达的计划开展科研活动，并将研究出来的成果统一上交国家。这种传统的科研院所体制在历史上对于一些军工项目确实发挥过良好的作用，比如"两弹一星"。然而，随着改革开放的不断推进，传统科研院所体制逐渐成为束缚科技创新和经济发展的制度障碍。在这种体制下，科技与产业相脱节，许多沉睡在实验室、仓库和档案里的科研成果及新技术革新项目无法转化为现实生产力。这既不能较好地发挥科技创新对经济增长的推动作用，也不能建立起促进科技创新的激励机制。为了打破传统院所体制，推动科技创新面向经济主战场，20世纪80年代初，陈春先建立民营科技企业的管理模式获得了中央的肯定之后，中科院也开始自办公司。1988年，时任中科院院长周光召正式提出了"一院两制"的中科院发展战略。"一院两制"是在自下而上推动后，又自上而下主动设计的体制机制。其中，科学研究"一制"是从科学理论到技术开发，再到服务经济，是理论和技术导向型科研活动。市场导向"一制"是从经济社会发展对科学研究提出需求，是科学研究直接服务于经济社会发展的需求导向型科研活动。"两制"相互渗透、相互促进，共同推动科技创新和经济社会发展。从科研人员创办民营科技企业，到中科院"一院两制"，中关村打破了传统院所体制，初步推动了科技面向经济主战场，使得科技与产业相结合，实现了科技创新同经济社会发展之间的相互促进与良性互动。因此，这些科技企业不仅创造了巨大的经济效益，也形成了包括汉卡、汉字激光照排、四通打字机等在内的一批科技成果。

构建要素自由流动机制。在原有体制下，各个院所高校的人才只服务于本单位，很难自由流动。中关村通过鼓励高校和科研院所开办企业、鼓励企业建立博士后工作站、鼓励院所高校与企业联合创建实验室等方式，推动人力资源、创新资本和创新技术等要素自由流动，实现了产学研的互动合作。首先，鼓励高校和科研院所开办企业。这些企业的创业人员、进行商业化的技术、所使用的实验设备和资料等资源都与高校和研究机构有着密切联系。比如，天元网络公司就是北邮通信网国家重点实验室衍生出的高新技术企业，其与北邮互为依托，联合承担了多项国家科技攻关项目。其次，中关村通过鼓励企业建立博士后工作站和实习基地等方式，实现以人才培养和科技人员交流形式为主的产学研合作。这些博士后等相关人才主持或参与的国家"863""973"和火炬计划等省部级项目，形成了大量的发明专利等创新成果。最后，中关村通过高校、科研院所和企业共同建设联合实验室、科技园、专业孵化器和创新服务平台等方式，实现产学研互动合作。比如，搜狐与清华大学成立的搜索技术联合实验室，绿伞化学和北京工商大学及中国日化研究所合作建立的绿色化学工程研究中心等。随着相关制度的建立，中关村形成了企业、大学、科研机构、政府、中介机构等各种创新主体积极参与、市场化运作的产学研合作格局。在此基础上，中关村的技术创新日趋活跃，科技成果转化效率稳步提升，产学研合作取得了丰硕成果，涌现出一大批原创型技术成果，在许多领域取得突破性进展。

(三)尊重知识的价值取向

作为高校和科研院所的集聚区,中关村一直秉持着尊重知识的价值信仰。多年来,中关村围绕股权激励、产权改制、科技成果"三权"和知识产权保护等方面逐步完善相关政策,建立起一套保障创新主体长期持续收益的激励机制,全面激发了各类主体的创新活力。

尊重智力劳动价值,下放科技成果处置权。随着高校和科研机构科技成果的快速增长,科技成果转化日趋活跃,相应管理制度的问题日益凸显。一方面成果使用、处置事项的审批环节多、周期长,影响了转化的时效性。另一方面成果处置收益上缴国库,用于人员奖励的支出挤占了工资总额基数,削弱了单位和科技人员科技成果转移转化的积极性。围绕这两个方面的问题,中关村从尊重科研单位、科研人员的智力劳动出发,不断加大科技成果"三权"改革。

构建"类海外"环境,实现人才引得来并留得住。具有高度创新能力的人才是实现创新驱动和高质量发展的中流砥柱。中关村对知识的尊重,突出表现在对人才的重视。中关村40多年来不断会聚海内外英才,打造"类海外"环境,让人才引得进来并且自愿留下来长期发展。一方面,中关村借助高校和科研院所云集、学术交流频繁、科研设备共享、创新氛围浓厚等优势,积极引入国际先进理念、规则、习惯,打造"类海外"人才生态环境,实现国际人才"进得来""留得下""干得好""融得进"。2014年6月,中关村为纳米发电机发明者、欧洲科学院院士王中林量身打造中科院北京纳米能源与系统研究所,使该研究所在力电转化、热电转化、光电转化、混合发电等多个领域研究一齐铺开,其研究环境与海外环境相一致,让中关村一举在"纳米能源"领域与美国站在同一平台。另一方面,中关村着力打造舒适的居住和生活环境,为外籍人才出入境,外籍人才及子女医疗、教育、就业等提供便利。2014年12月,国务院常务会议同意中关村先行先试"新新四条"。《外籍高端人才永久居留资格程序便利化试点》是其中之一。在公安部等国家部委支持下,中关村启动并实施了

20项出入境便利政策措施，其中"开通绿卡直通车""设立审批服务窗口"等先行先试10项政策为全国首创。截至2016年年底，中关村中央"千人计划"累计1188人，占北京80%，占全国20%；北京市"海聚工程"累计590人，占全市65.6%。

三、政府文化

从中央到地方各级政府依据中关村自身特点在管理体制机制方面进行了创造性的革新，培育了独特的服务型政府文化。中关村管委会与一般的"招商局"有所不同，在促进产业发展方面的主要任务不是招商引资，而是为园区的企业提供各种力所能及的帮助，通过各种服务型政策帮助它们在园区发展壮大。中关村是我国科技体制改革的先行者和试验田，其独特的政府文化可以概括为勇于探索的实干精神、统揽全局的管理智慧和关怀备至的服务态度。

（一）勇于探索的实干精神

中关村在改革开放的过程中，勇于探索、大胆突破，是我国第一个改革创新试验区和国家自主创新示范区，在全国先行先试创建了第一家民营科技企业、第一家不核定经营范围的企业等多个"第一"。在全国率先实施了包括科技成果"三权"改革、股权激励等一系列改革创新。各级政府勇于探索的实干精神突出表现在尊重市场规律和大胆突破旧有制度框架两个方面。

尊重市场规律，建立政府和市场共同培育创新型企业的管理模式。中关村的创新创业服务环境是多层次、全方位的，政府一方不可能全部包揽。因此，在创新创业服务环境建设上，中关村不仅发挥政府直接提供的服务作用，更加注重市场作用的发挥。在政府的支持引导下，由企业和社会提供了多层次立体化的服务。市场机制下，社会资本和服务机构会自发扶持一些有潜力的创新型企业。但是，有些领域创新难度非常高，投入回报周期长，难以吸引社会资本和服务机构的支持。这就需要政府通过适当的行政协调，扶持创新型企业的生存发展。中关村高度注意发挥社会主义市场经济制度的优越性，发挥政府和市场两只手的作用，做到两只手都要硬。一方面，政府努力做到"放管服"，让市场在资源配置中发挥基础性作用。中关村科技园区各级管委会除了负责管理部分专项基金的发放，无行政权力。中关村有200多家科技企业孵化器、1490多家创投机构、500多家协会联盟，助力科技型企业快速成长。启迪创业、联想之星等一系列新型孵化器或孵化平台，服务内容不仅包括提供廉价办公场所，还融入天使投资、风险投资、平台资源等多种服务，具有市场化程度高、国际接轨的特点。另一方面，市场机制在高科技领域经常失效，政府主动去做市场不愿、不能做的事情。比如，很多从事重大核心技术研发的企业需要经历很长的"爬坡期"，其间无法取得利润，并且风险很大。因此，政府有必要对部分处于初创阶段的科技企业提供一定的扶持。现在全球领先的半导体显示企业京东方的发展过程中就曾经面临资金困难，北京市政府通过定向增发的方式给企业解决了资金瓶颈。这种定向增发不是纯粹的资本市场融资，而是以政府出资作为信用背书的定向增发。地方政府通过对股权投资的行为建立了地方政府与市场行为主体的合作方式，满足了地方发展引入现代化产业体系、培育地方产业集群的需要。

大胆突破旧有制度框架，富于开创性地建立了新型科研机构。在中关村众多的先行先试政策之中，建立北京生命科学研究所等新型科研机构是最富于开创性的成果之一，从根本上改变了科研管理模式，变革了院所和政府之间的关系。从治理结构看，这些新型科研机构一般实行理事会领导下的院所长负责制。理事会是决策机构，负责机构的发展方向及重大决策。院所长严格执行理事会决议，负责机构的经营管理、核心人员聘用等。政府通过理事会将决策意图贯彻到机构发展中，避免直接干预，切实做到把握方向而不干涉具体科研活动。从科研管理机制看，这些新型科研机构普遍采用首席科学家负责制（Principal Investigator，即PI制）。由PI自主确定研究课题，自主选聘科研团队，自主安排科研经费使用，并全权负责实验室项目的实施和进展。这种赋予PI极大自主权的科研管理模式，很大程度上激励了科学家的积极性和创造性，保证了科研机构的高效性和科学性。同时，这些新型科研机构还采用国际同行评议的方式对PI进行严格考核。

畅通国际人才进入通道，吸引全球人才为我所用。中关村探索实施了全球顶尖科学家及其创新团队引进计划。通过绘制全球高端人才分布地图、建设国际人才社区、建立国际人才研究院、建设国际人才港等工程，不断吸引全球人才归国创业。中关村最早于1997年建立全国第一家留学人员创业园，中星微的邓中翰、百度的李彦宏等均是在这一时期引进回国在中关村创业。之后，中关村持续改进体制机制，以全球视野招揽科技前沿高精尖缺人才，在接轨"千人计划"中实施"海聚工程""高聚工程"，支持国际高端人才领衔新型科研机构建设，使得中关村科技前沿企业近80%的企业负责人拥有领军企业高管或海外留学背景。

（二）统揽全局的管理智慧

顶层设计和政府引导是中关村发展的前提条件。顶层设计是我国社会主义制度建立之初的重要特征。1982年，中共中央提出"科技与经济相结合"的战略方针，号召科研人员投身国民经济主战场，"科技与经济相结合"战略方针的实现获得了体制保障。中关村正是在这样的大环境下，统揽创新发展的全局，萌发出民营科技企业的第一颗新芽，并最终结出累累硕果。

顶层设计管理体系。科技创新涉及体制机制的方方面面，不是个别部门和机构可以独力推动的。科技创新管理体制改革不仅关系到科技、教育、财税、海关、发改等各个地方政府部门，还关系到高校和科研院所等研发机构，甚至还需要中央政府给予足够的支持。随着科学技术的不断发展和科技管理体制改革的不断推进，部门之间相互掣肘、政策之间相互影响的问题越来越普遍，改革面临的部门阻力越来越大。这就导致通过基层创新继续推动改革的空间越来越小，亟须通过自上而下的顶层设计构建一个多部门协同的科技创新工作机制。

管理中关村的各级政府高度重视管理体系的顶层设计。2009年，中关村被认定为我国第一个国家自主创新示范区。2010年，在中关村国家自主创新示范区部际协调小组领导机制下，北京市提出并成立了中关村科技创新和产业化促进中心（简称首都创新资源平台），即"1+6"先行先试政策中的"1"。该平台建立了部市会商、院市合作、军地融合等工作机制，形成了跨部门、跨层级的协同创新组织模式，为科技创新的多部门协同提供了重要保障，实现了由单一领域、碎片化改革向系统性全面创新改革的初步转变。首都创新资源平台由国家有关部门和北京市共同组建。该平台不仅负责研究和落实中央与北京市支持示范区发展的各项政策，开展政策的宣传和辅导工作，更重要的是初步建立了办理事项的跨层级、跨部门的联合审批机制，打破了层级和部门之间的壁垒，大幅度提高了审批效率。

建立协同工作机制。在做好顶层设计的基础上，还需要针对各种各样的部门、机构逐步摸索出一套协同发展的工作机制。中关村通过推动搭建开放实验室和创新服务平台解决了相关问题。因隶属关系的影响，高校、科研院所与企业之间独立运行，科技资源无法相互共享。一方面，高校和科研院所的科技资源得不到充分利用；另一方面，企业对科技资源的需求也得不到满足。为了促进高校、科研院所与企业共享科技资源，中关村出台了《中关村开放实验室实施试行办法》，采用按次补贴和一次性补贴相结合的方式促进高校和科研院所建设开放实验室。在该办法的基础上，中关村建设形成了清华大学信息科学与技术国家实验室等上百家开放实验室。

（三）关怀备至的服务态度

多年来，中关村致力于服务于科技创新和企业发展，不断优化营商环境，打造创新生态系统。对于企业的创新发展，采取了关怀备至的服务态度。

不断优化营商环境。2001年7月，中关村科技园区企业服务中心成立。海淀区在梳理业务事项的基础上，搭建网上交互式办公系统，逐步实现了跨部门协同办公，在一定程度上解决了群众办事"三难一烦"的问题。2009年，海淀区设立"一对一服务"领导小组，下设的7个工作组围绕着企业最关心的产业、融资、国际化、规划、人才和培训等问题为企业提供一对一精准服务。2013年9月，海淀区综合行政服务中心成立。为了进一步压缩审批环节和周期，海淀区启动投资项目四阶段并联审批模块化试点工作，平均用时较市级流程缩短60%以上。同时，针对科技服务类有限责任公司，推出了"一口受理、同步办理、一口发证"多证联办服务，最快可在4个工作日内一次性领取"四证一书"，完成企业设立。2018年3月，北京市又精准制定了优化营商环境的9项主要政策和N项配套政策措施，形成了"9+N"政策体系，在办理施工许可、开办登记、纳税、获得电力、跨境贸易、获得信贷、登记财产等重点环节实现了营商环境的进一步优化，不断增强企业和社会对北京改革优化营商环境的获得感。

政策支持创新创业服务机构发展。在《海淀区促进科技中介发展实施办法》等相关政策文件的引导支持下，中关村形成了一批培训、中介和孵化器等创新创业服务机构。一是培训企业，如联想之星。联想之星举办的免费CEO特训班、短训班已经培养了上千名创业企业家，是创业培训的先行者。联想之星敢于涉足其他天使资金不敢问津的前沿投资领域，可以在一个项目中投入上千万元的资金，同时花几年的时间陪伴企业成长。二是科技中介企业，如创业会客厅、创业黑马和车库咖啡。创业会客厅是一站式创新创业服务平台，为创新创业企业提供一站式、全方位的专业服务。创业黑马通过线上线下相结合的商业模式，为创新创业企业的成长提供综合性服务。车库咖啡是全球第一家创业主题的咖啡厅，不仅为早期创业团队提供价格低廉的办公环境和最畅通的交流合作平台，还为初创企业提供一站式投融资综合解决方案。三是依托于高校和科研院所的服务机构，如清华科技园。清华科技园是首批国家大学科技园之一，通过孵化器、公共技术平台和产学研结合平台等形式，为创业企业孵化、高新技术企业研发、创新人才培育、科技成果转化提供发展空间和优质服务。

围绕企业全生命周期构建定制式服务。40多年发展中，中关村管理者不断探索，围绕企业不同阶段的需求，构建了涵盖全生命周期的服务体系。针对初创、"瞪羚"、"独角兽"、领军等企业成长中不同阶段的特征，做出不同的服务，促进企业做大做强。首先，遴选有较强发展潜力的初创期企业，实施"金种子工程"。通过整合各类创新资源，为企业提供全方位创业服务。为了解除企业在创业知识方面的困惑，定期组织企业与创业导师之间开展创业辅导活动。为了拓展企业的社交网络，搭建了交流沟通平台。为了帮助企业解决办公用房，整合写字楼，认定了一批创业服务基地。为了消除企业的资金障碍，研究实施针对中小企业的创新基金，搭建贷款绿色通道，鼓励银行、担保、小额贷款等为企业发放贴息贷款，支持天使投资人和创业投资机构向企业提供融资支持。其次，针对由小到大发展阶段的"瞪羚企业"，推进金融、社会资源等方面的服务。在中关村管委会的组织推动下，为示范区内高成长企业提供了一系列服务措施。这包括设计专项融资担保业务，即将信用评价、信用激励和约束机制同担保贷款业务有机结合，通过政府的引导和推动，构建高效、低成本的担保贷款通道；制订"瞪羚计划"，为中关村的"瞪羚企业"提供融资解决方案，提供利息补贴，执行优惠的担保费率和利率；成立瞪羚企业俱乐部、商学院等平台，帮助企业嫁接社会资源，增加与投资人、政府、银行等的联系渠道。再次，针对有一定规模的独角兽企业，促进其发展上市。中关村为这些有一定规模基础的企业提供尽可能多的与政府沟通的渠道，从而更高效地推进重点企业发展壮大。具体包括建立企业分层服务机制、主管区长座谈会机制；召开重点行业企业、拟上市企业系列座谈会，与企业家共同研究发展问题；成立区县层面的服务企业上市工作组；倡导改进A股IPO条件设置，对独角兽公司开辟IPO绿色通道，推进独角兽公司在境内资本市场上市等。最后，针对处于龙头地位的领军企业，推进其不断提升科技含量、由大到强。中关村先后诞生了联想、方正、搜狐、新浪、百度等一批领军企业。围绕它们，中关村也采取了一系列服务举措。这包括开通"企业服务直通车"、建立了联系重点企业微信群；科学评定中关村知识产权领军企业，支持重点企业完善海外知识产权布局规划；鼓励设立知识产权运营基金，培育具有国际化运营能力的知识产权运营机构开展专利许可、转让、融资、作价入股、构建专利池等专利运营工作，提升知识产权转化应用水平等。

四、社区文化

中关村社区是众多高级知识分子的居住地，是北京外籍居民最多的社区之一，对培育丰富多样的社区文化有强烈的需求。中关村社区发挥人才资源密集的优势，组织社区创新文化活动，促进基层文化建设，营造了内容丰富且富于地域特色的中关村社区文化。这一文化突出表现在三个方面：崇尚知识的学习氛围、传统文化和西方文化兼容并蓄的开放态度以及日益丰富的文化地标。

（一）崇尚知识的学习氛围

中关村社区具有崇尚知识的鲜明特色。这既有人口素质高的原因，也有街道和居委会等机构的贡献。近年来，中关村街道先后开展了创建学习型社区、开展微信文化课堂、科普文化活动周等活动，进一步增强了崇尚知识的学习氛围。

创建学习型社区，发动居民开展读书活动。为了更好地创建学习型社区，引导社区居民群众养成爱读书、读好书的习惯。以中关村街道的知东社区为代表的一些居民社区会集了文化爱好者，开展"书韵飘香"读书会活动。通过大家一起阅读书籍，拓宽大众的知识面，愉悦居民的身心。

积极应用互联网技术，丰富知识传播形式。中关村街道党工委、办事处主办了"乐活中关村，多彩文化季"等活动，积极应用互联网技术，在微信中开展文化课堂直播。居民只要点击进入"乐活中关村——乐参与——文化课堂直播平台"，就可以同步收看课堂现场首播。通过视频直播的全新教学模式，向居民传授葫芦丝培训班、写意画培训班等课程。解决了居民各种原因不能到达现场的难题，极大地缓解了课堂资源有限的矛盾。

街道和社区积极开展科普活动。中关村街道东里北社区开展了科普文化宣传周活动。活动秉承"科技助力，普惠生活"主题，提倡科学生活理念和科学生活方式，吸引社区及周边青少年走进社区，享受科普带来的生活上的变化。社区发挥社区科学家密集的优势，邀请了核工业部的老教授为居民带来"身边的核能"等精彩课程。举办了观摩国际级机器人对抗赛等活动，培养了社区居民，特别是青少年热爱科学的习惯。

（二）"中西合璧"的开放态度

中关村社区是国内最具开放性的社区之一。一方面，这里注重传承民族文化，向青少年积极传播民俗和非物质文化遗产；另一方面，鼓励大家学习英语，与外国人进行文化交流。

积极传承传统文化。中关村地区的民间组织有很多关于传统手工艺的培训活动。中关村街道的社区充分挖掘文化资源，大力扶持民间团队开展文娱活动，不断将传统文化向公众进行多方位的展示。比如，"五彩夕阳"手工坊组织学员参观葫芦艺术博物馆，使得居民亲身感受到中国传统手工艺的优良品质。其中包括20多个品种的葫芦手工艺品，如老北京火绘葫芦、勒扎葫芦、范制葫芦、针划葫芦、彩绘葫芦、雕刻葫芦等，以及结合现代创意创新葫芦工艺加工的新型产品，如卡通葫芦、激光雕刻葫芦、餐具器皿葫芦、茶具葫芦、鸣虫葫芦、灯具葫芦等。参观的同时，手工坊老师也对有代表性的作品进行了讲解，包括烫画的布局、色彩深浅度的搭配、图案的含义等。

鼓励群众参加国际交流。中关村街道曾组织开展"英语角""万圣节聚会"，尝试运用各种手段进行社区文化创新。这一兼容并蓄的文化发展举措进一步丰富了社区群众的文化生活，深受社区群众欢迎和喜爱。比如，新科祥园社区开设了英语班，由学员自发组织的社区英语角活动中，十余名年过半百的学员参加了英语角课外学习。华清园社区结合社区资源，与新英语客栈的老师和社区外籍留学生们在万圣节当天为社区小朋友们精心准备了一场万圣节欢乐聚会。张牙舞爪的南瓜灯、"不给糖就捣蛋"的大幅海报以及穿着各式各样光怪陆离服装的小朋友和他们的家长，将万圣节的气氛烘托得异常火爆。老师们从万圣节的来历开始，以讲故事的方式生动地向大家一一介绍了万圣节的相关文化，并且同学们与家长们一同准备万圣节的各种美食，交流在英语学习中的各种心得体会。一方面提升了居民学习英语的热情，另一方面也为公众了解西方文化开辟了新的窗口。

（三）日益丰富的文化地标

文化地标是社区文化的物质载体。40多年来，中关村创新文化快速发展的同时，文化地标也日益丰富。它们从不同的侧面彰显了中关村社区对创新文化的追求。

"双螺旋"凝聚了中关村的科学精神。1992年建立的原名为"生物链"的双螺旋雕塑，在中关村大街黄庄路口经历17年风雨后，在北京奥运会之前进行过一次维修，并更名"生命"。2009年，"生命"雕塑在中关村西区广场重新落成。出于对历史的尊重，并与中关村西区环境的和谐统一，2009年新落成的"生命"雕塑只是在原基础上进行微调，外观和颜色均保持不变，但新雕塑更加高大。"生命"雕塑的基座为四方形，以深黑色大理石饰面，基座高度由过去的0.75米增加至1.5米，寓意着中关村以跨越式方式向前发展、迈上新台阶，双螺旋部分也相应增长，高度达10.13米，增强了中关村积极向上的势头和你追我赶的寓意。双螺旋雕塑作为中关村发展最具代表性的见证者，一直被中关村人称为中关村的DNA，彰显了中关村生生不息的创新精神和发展势头，成为国内外各界人士认识中关村品牌、体味中关村文化的重要窗口。双螺旋雕塑昭示着中关村不断向上、勇攀高峰的发展轨迹，喻示着中关村赖以生存和延续的生命基因。它目睹了"中关村电子一条街"从无到有、中关村科技园区的批复，以及此后40多年中关村的发展壮大，是中关村品牌第一象征符号。

中关村金融中心带来了现代感和时尚感，彰显了中关村社区追求卓越的理念。中钢国际广场，又名中关村金融中心，建筑高度达150米，是中关村最高的建筑，是美国KPF建筑师事务所在北京的首部力作。在建筑形式上，采用世界独一无二的双曲面结构。A座的两个立面在水平和垂直两个方向上弯曲，是北京中轴线以西最高的建筑。连接A座、B座的C座彩虹连廊，贯穿其间，使得整个建筑浑然一体。整个大厦外立面采用了单元式玻璃幕墙，在保持内部通透的感觉的同时，还大大降低了紫外线辐射与光污染。从地理位置来看，正处于中关村中心商务区的黄金地带，雄踞中关村广场的核心位置，对于中关村中心商务区具有显著的象征意义。事实上，中关村金融中心项目是为了适应国家推进高新技术产业发展的战略而开发建设的。为了全面推进21世纪中国的高新技术产业发展，党中央、国务院于1999年6月5日批复了北京市和科技部联合提出的关于建设中关村科技园区的报告，将位于原海淀镇区域范围之内的中关村西区定位为中关村科技园区的中央商务区。由此，中关村作为北京的重要经济中心被政府和大众普遍认可。中关村金融中心现代化的建筑风格不仅吸引了大众的目光，更为中关村带来了现代感和时尚感，具有浓郁的商务气息，成为中关村继双螺旋雕塑之后的又一文化地标。

中关村创业大街汇聚各类创业服务机构，展示了中关村社区注重合作的创业氛围。2014年6月12日，前身为海淀图书城的中关村创业大街开街了。这个街区位于我国创新创业资源最为密集的中关村国家自主创新示范区核心区，它是北京市、海淀区政府共同打造的我国第一条以创新创业为主题的特色大街，也是我国第一个规模化聚集高端创新创业要素的生态街区，成为我国"大众创业、万众创新"策源地。中关村创业大街以北京建设具有全球影响力的科技创新中心为引领，按照"政府引导、市场化运作"的方式，旨在构建全球创新创业生态圈，着力建设以产业创新和全球创新为特征的全球创新创业高地。由于其创业孵化的功能和极其高端的定位，成了拜访中关村的游客感受中关村品牌、了解中关村文化的必去之地。在这条仅220米长的创业大街上,创业会客厅、车库咖啡、雕刻时光、66号成长屋、洋葱投、3W咖啡、联想之星、36氪、黑马学院等45家各类创业服务机构鳞次栉比。中关村创业大街联合了30多家大企业、50多所高校、2000多家风险投资机构等各类合作方,探索模式创新和服务升级,打造各具特色的创新创业服务。不仅如此,中关村创业大街机构还设立了152家分支机构,向全国输出创新创业理念、服务与资源。在如此庞大的系统之下,中关村创业大街成了资源聚合的中心,成了创业者和投资人交流、碰撞、合作的最理想场所。

第三章

中关村创新文化的主要特质

文化属于上层建筑范畴，文化的特质、主要内容及其生产方式是由社会物质生产方式和经济基础所决定的，并且对物质生产产生重要的反作用。马克思曾指出："物质生活的生产方式制约着整个社会生活、政治生活和精神生活的全过程。"①文化是时代的产物，每个时代的文化都是这个时代精神的精华。中关村创新文化是在40多年来中关村改革开放实践中逐步形成的，是党领导下一代又一代中关村人在科技创新的道路上勇往直前、奋力开拓、勇于创新所形成的思想、精神和文化的结晶，是凝聚时代精神的先进文化。习近平总书记指出："改革开放是我们党的历史上一次伟大觉醒，正是这个伟大觉醒孕育了新时期从理论到实践的伟大创造。"这次伟大觉醒，催生了思想解放，开启了改革开放新征程，也孕育、发展并形成了中关村创新文化。

文化特质是指文化的核心要素或体现该文化特征的主要内容，是文化发展到一定阶段时所形成的文化类型、文化内涵和文化特征的综合体现和高度概括，具有广泛的社会基础性、高度的认同性、相对稳定性和鲜明的表征性。因此，文化特质是某种文化精神的高度凝练，发展相对成熟和稳定，得到社会普遍认同，且具有文化的表征作用和符号意义。文化特质不仅可以帮助人们识别文化类型，还可以通过传承、示范和教导等方式使得文化特质一代代发展和继承下去。文化特质可以区分为精神文化特质、物质文化特质和制度文化特质等不同层次。精神文化特质是文化的精神理念和核心价值观的集中反映和体现，是文化特质性质和发展方向的主要决定因素；物质文化特质是文化的生产方式和技术要素的集中反映和体现，是文化特质中

---

① 马克思恩格斯选集（第二卷）[M].北京：人民出版社，82.

的物质性、技术性因素，也是文化特质的载体，反映了文化特质的现实发展水平和程度；制度文化特质是文化在制度层面的反映和体现，现实社会政治制度、经济制度及其他制度不可避免地对文化特质产生巨大的影响，并将制度因素融入文化特质。

中关村创新文化特质主要表现为敢为人先的精神、知识报国的爱国情怀、勇立潮头的技术理念、先行先试的改革品格、海纳百川的开放气概等方面。其中，既包含了精神文化特质层面的内容，也体现了物质文化特质和制度文化特质内容。中关村创新文化特质深深植根于中关村这片创新创业的热土，也深深地打上了时代精神的烙印。中关村创新文化特质是在改革开放进程中逐步形成的，是在党的改革开放政策指引下，以中关村科技园区为核心、随着中关村科技园区成长壮大而发展起来的创新文化。中关村创新文化特质鲜明地体现了社会主义核心价值观追求，是社会主义先进文化的重要组成部分。中关村创新文化特质是在党和各级政府的领导和关怀下，广大中关村人共同创造和培育的，是一代又一代中关村人的理想信念、价值追求、胆略勇气和品格情怀的淬炼与升华，也是中关村迈向具有全球影响力的科技创新中心征程中宝贵的精神财富。中关村创新文化主要特质所发挥出来的文化影响力，不仅会推动中关村改革创新迈上新台阶，而且必将对推动我国经济高质量发展和新一轮对外开放发挥重要的引领性作用。

第一节　敢为人先的首创精神

总结和提炼中关村创新文化的特质，毫无疑问，首先是中关村人在20世纪80年代初便展现出来并一直被中关村人传承和发扬光大的"敢为人先的首创精神"。敢为人先就是敢于做前人没有做过的事情、敢于走在时代的前列，敢于走在别人前面，敢于冒风险。概括起来，敢为人先的精神本质上就是创新精神。创新精神是中关村文化的灵魂和核心特质。党的十八大以来，习近平总书记高度重视创新驱动发展，强调创新是推动一个国家、一个民族向前发展的重要力量，是引领发展的第一动力，必须把创新摆在国家发展全局的核心位置。2013年9月30日，中共中央政治局第九次集体学习在中关村举行，习近平总书记高度评价"中关村是创新发展的一面旗帜"，强调面向未来，中关村要加快向具有全球影响力的科技创新中心进军，实质上就是对中关村这种敢为人先首创精神的充分肯定。

一、展现了破旧立新的创新勇气

敢为人先的精神是中关村最鲜明的文化气质，敢为人先首先体现为破旧立新的创新勇气。习近平总书记高度评价敢为人先的首创精神，并把这种精神称之为"中国革命精神之源"和"红船精神的深刻内涵"[1]。20世纪80年代改革开放初期，在党的十一届三中全会精神鼓舞下，一批敢想敢干、敢为人先的科技工作者、科技弄潮儿和商海精英，在中关村一条简陋的街道上开始创业，拉开了中关村创新创业的宏大序幕。

---

[1] 2005年6月21日，时任浙江省委书记的习近平同志发表文章《弘扬"红船精神" 走在时代前列》，首次将"红船精神"提炼为："开天辟地、敢为人先的首创精神，坚定理想、百折不挠的奋斗精神，立党为公、忠诚为民的奉献精神，是中国革命精神之源，也是'红船精神'的深刻内涵。"

(一)敢为人先的精神是与时俱进、解放思想路线的体现

敢为人先的精神并不是天上掉下来的，任何时代精神都是那个时代人们共同思想的凝练。黑格尔曾经说过，时代精神是每一个时代特有的普遍精神实质，是一种超脱个人的共同的集体意识。敢为人先的精神就是以陈春先等为代表的第一代中关村创业者的群体意识和精神特质，也是改革开放时代精神的产物。1978年3月，中共中央在北京召开全国科学大会，邓小平同志提出"向科学技术现代化进军"的号召，"科学的春天"的到来让全国知识分子备受鼓舞。1978年年底，中共十一届三中全会召开，全党的工作重点转移到社会主义现代化建设上来。邓小平同志在全会上做了《解放思想，实事求是，团结一致向前看》重要讲话，确立了"解放思想"的思想路线，解放了人们长期被禁锢的思想，十一届三中全会所确立的思想路线以及改革开放的政策为中关村创新文化的产生奠定了坚实的政治和制度基础。

改革开放的春风吹拂了中关村这片一度沉寂的土地。以陈春先、纪世瀛、王洪德等为代表的最早一批体制内的科研工作者，毅然决然地抛弃体制内的"铁饭碗"，选择"下海"创业，成了中关村这个科技创新阵地内的第一批民营科技企业家。与此同时，两海两通、联想等一批高科技企业相继成立，"产学研一体"的发展新模式在这个过程中被开创出来，尘封的众多科技成果被转化为经济效益，为日后中关村的腾飞打下了坚实牢固的基础。

在20世纪80年代初，尽管十一届三中全会已召开，"解放思想，实事求是，团结一致向前看"的思想路线已成为全党全国人民的共识；尽管在全国科学大会上邓小平同志提出了"向科学技术现代化进军"的号召，但是能迈出科学家下海经商这一步，还是需要巨大的勇气和胆略的，需要有一种敢为人先的首创精神。

习近平总书记曾经讲过：一个时代有一个时代的主题，一代人有一代人的使命。改革开放这场中国的第二次革命，不仅深刻地改变了

国家的面貌，也深刻地改变了每个人的前途命运。每当面临历史重大转折之机，总有一些思想敏锐的人成功地把握先机，敢为人先，率先行动，成为那个时代某个领域或某个方面的"第一人"。陈春先，就是率先下海创业，成为"中关村民营科技第一人"。陈春先的创业故事就是"敢为人先的首创精神"真实写照的典型。

陈春先，时任中科院物理所研究员，主要从事理论物理、激光新型半导体等新领域的研究开拓工作，当时建立了国内第一个具有世界领先水平的托卡马克装置（6号）。1978—1981年，陈春先参加了中美核聚变学术交流计划，并随中国代表团多次前往美国进行学习和考察。在参观了波士顿128公路、旧金山硅谷这两个科技创新集聚地区后，陈春先的心底久久不能平静。于是，一个大胆的构想在他脑海里浮现：在北京中关村坐落着中国最顶尖的30多所高校和130多家科研院所，技术、人才的密集程度绝对不比硅谷差，为什么中国人不能建设"自己的硅谷"呢？回国后，他到处宣讲美国见闻，并提出了"新技术扩散"的理念，主张探索加快科技转化为生产力的新路，在中关村建立"中国硅谷"。1980年10月23日，一个普通的星期日，上午，中科院物理所试验大楼东北角，一间十几平方米的库房里，陈春先带着十几个人忙着清扫蜘蛛网、打扫灰尘，把破烂堆到库房的东边，腾出了5平方米。一张三屉桌，几个小凳子，开张成立了中关村"先进技术发展服务部"[1]。这就是中关村第一家民营科技企业的前身。多年以后，陈春先也因此被誉为"中关村民营科技第一人"。

30多年后，海淀区原区委书记段柄仁这样评价陈春先："陈春先为什么敢于这么做？第一，就是他有家国情怀，这样做对国家有利。第二，敢为人先，光有这个家国情怀不行啊，还得敢于做啊，去破除那些旧的思想和体制的束缚。"[2]

---

[1] 引自三多堂传媒公司：七集大型纪录片《中关村》。
[2] 引自三多堂传媒公司：七集大型纪录片《中关村》。

除了陈春先"第一人",40多年来中关村创造了无数个"第一":第一个获得自营进出口权的民营企业,第一个境外上市的民营企业,第一个发行短期融资债券的民营企业,第一个到海外并购的科技企业,第一个不核定企业经营范围的企业,第一个自然人与外商合资的企业,第一个有限合伙企业,中科院率先在全国实行"一院两制"等。这些"第一",都是中关村人敢为人先首创精神的写照。

(二)敢为人先的精神就是敢于冒险的精神

敢为人先注定是一个敢于冒险的过程。以陈春先等为代表的第一代中关村创业者在走出"下海"第一步时就做好了充分的思想准备。从"下海"的第一天起,他们就宣布企业的运行机制按照"两不四自"原则运行,即"不要国家财政拨款,不要国家人员编制,自筹经费、自由组合、自主经营、自负盈亏",靠企业和科技人员自行筹集企业开办资金。这在当时,"四自原则"无疑是一个打破惯例、自绝退路的非常之举,也是创业者敢于冒险精神的体现。

然而,中关村早期创业者敢为人先的冒险之旅并非一个人内心强大就能顺利完成,来自媒体的争论以及社会上和周边人们的议论也不时地困扰着他们。1982年12月23日,《光明日报》就"韩琨事件"展开了前后将近两个月的全国大讨论。上海橡胶制品研究所的助理工程师韩琨利用周末时间,兼职为当地一家橡胶厂担任顾问,获得了1200元奖励,被判受贿罪。"星期日工程师"受到处罚,陈春先的处境同样危险,人们都怕受到牵连,对他避之不及。多年后,当年的海淀区委书记张福森曾经回忆当时的情景:"在计划经济的时候,在我们的传统观念里,知识分子干什么呢?在研究室里搞研究看资料,要不到实验室去做实验。你怎么能跑到一条街上做买卖呢?这不是不务正业吗?"30多年后,陈春先之子陈新宇回忆说:"我记得很清楚,发现父亲在跟人打电话,他就不说话在那儿听着就哽咽了,我父亲很少掉眼泪,我也不知道怎么了。后来我才知道是所里头来查,就是给了十二个字'歪门邪道、不务正业、腐蚀干部'。"[1]今天的人们可能无法想象这十二个字的评价,让当年这位敢为人先者面临怎样的思想压力和精神负担。

改革总要经历凤凰涅槃和思想阵痛。解放思想,打破旧传统,建立新体制,正是陈春先等第一代中关村人背负的使命。他们正是凭着敢为人先的首创精神,引领开创了中关村创新创业的新时代。40多年来,中关村从未止步,"敢为人先"已成为中关村人特有的精神气质。

(三)敢为人先的精神是人民群众的首创与党委政府的领导支持相结合的产物

1983年4月15日,以陈春先为核心的北京市华夏新技术开发研究所挂牌成立。这是中关村第一家真正意义上的民营科技企业。18天后,1983年5月4日,四季青公社礼堂内人声鼎沸,"中国科学院开发部北京市海淀区新技术联合开发中心"成立,简称"科海新技术联合开发中心"。会上,时任中科院副院长的叶笃正宣布,陈庆振为"科海"负责人[2]。然而,中关村的发展并非一帆风顺,当时社会上对中关村人这种敢想敢干的做法也产生了各种质疑的声音。在这关键的时刻,来自党政各级有关部门的表态为中关村创新发展提供了坚定的政策支持。

1983年1月6日,新华社高级记者潘善棠写的《研究员陈春先搞"新技术扩散"试验初见成效》在新华社内参刊出,7日、8日,几位中央领导同志分别在内参上做了重要批示。不仅肯定了他的方向,而且肯定了他做的具体工作取得的成果。1983年1月25日的清晨,中央人民广播电台播出了一篇重要报道,肯定了陈春先的"先进技术发展服务部"探索的新路子。

---

[1] 引自三多堂传媒公司:七集大型纪录片《中关村》。
[2] 引自三多堂传媒公司:七集大型纪录片《中关村》。

1987年12月，中共中央联合调查组进驻中关村，对中关村的科技公司状况、架构、营销、运行机制进行详细的调查，并向中共中央财经领导小组提交调查报告，报告标题为《中关村电子一条街调查》，充分肯定了中关村的发展方向。

因此，敢为人先的精神是充分尊重人民群众的首创精神与党委政府的领导支持相结合的产物。1984年，中共十二届三中全会通过了《中共中央关于经济体制改革的决定》，提出"允许和鼓励一部分人先富起来"，为中关村创新发展提供了坚定的政策支持。时任海淀区委书记张福森曾回忆说："中关村在20世纪80年代得以发展，第一个因素是改革大环境，就是三个改革的决定：经济体制改革的决定、科技体制改革的决定和教育体制改革的决定。""中关村电子一条街，或者说北京新技术产业开发试验区的建立，不是管出来的，是放出来的，是在计划经济的条件下，靠改革，靠创新，放水放出来的。"中关村民营企业家王小兰也深有感触地回忆中关村的发展："为什么第一家民营科技企业诞生在中关村，为什么标志着科技新企业云集的电子一条街诞生于中关村，我觉得可以从三个方面理解这个事情。第一，改革开放的大背景。第二，科技发展的大背景。第三，我们遇到了开明、开放的政府。"科海集团创始人、中国民营科技实业家协会秘书长陈庆振也说："没有政府领导的担当和支持，在计划经济那个统得很死的情况下你起不来。不是我们企业家自己有什么本事，这是一个系统工程，这是个集合体。"[1]

二、开启了我国科技管理体制改革的先河

中关村人的敢为人先的精神推动了我国科技体制改革。从20世纪80年代初开始，一批体制内的科技工作者迈出了书斋深院，以敢为人先的精神和创新改革的实际行动，开启了我国科技体制改革的序幕。2018年5月28日，习近平总书记在两院院士大会上再次强调，

---

[1] 引自三多堂传媒公司：七集大型纪录片《中关村》。

科技体制改革要敢于啃硬骨头，敢于涉险滩、闯难关，破除一切制约科技创新的思想障碍和制度藩篱。一代又一代的中关村人秉持敢为人先的理念，不断推动我国科技体制改革迈向深入。

（一）敢为人先的精神打开了科技体制改革的突破口

新中国成立后，国家投入大量资金和人力使中关村成为全国科技资源密集的区域。20世纪80年代初，中关村地区已有30多所高等院校，130多家科研机构，学科专业齐全，几乎包括自然科学和社会科学的所有学科领域。据统计，当时的中关村有600多个专业，280个博士点，2.5万名教师，7400多名正副教授，在校学生超过10万人，平均每年承担国家和企业的科研项目2000多项[1]。中关村成为中国乃至世界上科技教育文化资源最密集的区域之一。然而，由于受到科技体制的制约，当时中关村密集的科研教育文化资源并未能对经济社会发展发挥巨大的作用，许多科研成果完成后束之高阁，没能转化为现实生产力。1979年年初，陈庆振在《人民日报》发问："推广科研成果为什么这么难？"这掷地有声的发问，显然不只是科研人员的困惑，也折射出我国科技体制中的深层次问题。

从科研象牙塔到市场，要跨出这一步，需要打破体制机制的束缚，需要一种敢为人先的精神，需要自我革命的勇气。1982年，王洪德决定离开他就职的中科院计算所。他在离职报告中，提出了"借调、聘请、调离、辞职、开除"的五种离职方式[2]。这"五走"方式打开了旧体制藩篱。"五走"方式就是中关村敢为人先精神的行动宣言。

（二）敢为人先的精神开启了中国民营科技企业发展之路

在今天的中关村国家自主创新示范区，民营高科技企业已经占

---

[1] 王宏家.中关村科技园区企业自主创新研究,北京创新研究报告（2008）[M].北京：同心出版社，2008：209.

[2] 引自三多堂传媒公司：七集大型纪录片《中关村》。

到了90%以上的比例。但40多年前,中关村民营科技企业的诞生却是一个浴火重生、石破天惊的过程。陈春先被誉为"中关村民营科技第一人"。1980年10月,他与纪世瀛、崔文栋等人带领十几个中国科学院的学术骨干,一起成立了北京等离子体学会先进技术发展服务部,这被视为新中国历史上第一个民办的科研机构,同时也被看作民营科技企业的前身。据当时的记载,"先进技术发展服务部"每个项目的服务费从几百元到几千元,一年下来轻松赚了两三万元。赚到第一桶金后,他们在中关村72号楼东侧的大杨树下盖了两间蓝色板房,作为"先进技术发展服务部"正式的基地。提供咨询服务的科研人员们下了班就来讨论项目,在简易的桌子上画图,搞设计。他们为知青和高中毕业生开办电工班,从这里出去的培训生会被工矿企业争相聘用[1]。今天,蓝色小屋已经不存在了,但"蓝色小屋"却鲜活地诠释了什么叫敢为人先的精神。

(三)敢为人先的精神推动中关村科技体制改革走向纵深

第一代创业者的故事渐渐远去,但敢为人先的精神早已融入中关村的血脉。科研领域是最需要不断改革的领域,我国科技投入的产出效益不高,科技成果转移转化、实现产业化、创造市场价值的能力不足,这些问题集中表明我国科研院所管理体制、科技和金融结合机制、创新型人才培养体制等还需要深化改革。如今的中关村也再次面临脱胎换骨的改革,需要继续发扬敢为人先的精神,出台更多的新政策,引领我国科技体制改革向纵深发展。2014年,北京市"京校十条"先行先试政策发布,首次明确高校科技人员经所在学校同意,可在校外企业兼职;科技人员在兼职中进行的科技成果研发和转化工作,可以作为职称评定依据;支持高等学校的科技人员离岗创业,学校可在一定期限内保留其原有身份和职称等。敢闯敢试、敢为人先的中关村人,仍在探寻破除一切束缚创新驱动发展的观念和体制机制障

---

[1] 引自三多堂传媒公司:七集大型纪录片《中关村》。

碍的方法，砥砺前行。

三、体现了对未知世界的科学探索和不懈追求

敢为人先的精神也体现了中关村科技工作者对未知世界的科学探索精神。像陈春先、陈振庆等人，本身就是中国科技界的精英骨干和领军人物，他们"下海"的动因并非因为是"无工作、无收入、无职业"的"三无"创业人员[①]，他们创业的初衷就是要在中国探索出一条科研与市场结合、科技促进生产力发展的新路子。

（一）敢为人先并不是鲁莽冲动，是因时、因势、因地制宜而行动

敢为人先并不是鲁莽冲动，更不是脱离实际的幻想，而是适时把握经济、社会和科技发展趋势，因时、因势、因地制宜而行动。陈春先"下海"之前，多次赴美考察，亲临硅谷等地考察了解美国科技业发展的现状，对比中美科技发展水平和差距，由此具有了亲身体验和国际化视野，才下定了"下海"创业的决心。2009年，中国工程院院士，北京理工大学教授、博士生导师毛二可"下海"创办理工雷科公司，更是深思熟虑的结果。作为中国雷达领域的主要领军人之一，毛二可教授领衔的雷达技术研究所在航空、航天、导航、制导等诸多领域取得了一系列科研成果，先后获得国家技术发明奖7项、国家科技进步奖1项、省部级科技进步奖30余项、国家/国防发明专利300余项。这样一位在旁人眼中功成名就的学者，之所以要"下海"，就是因为他看到了产业化和产业链的重要性。理工雷科公司的成立，实现了创新链与产业链的精准对接。2013年，成立仅4年的理工雷科就实现营收破亿元[②]。

---

① 引自三多堂传媒公司：七集大型纪录片《中关村》。
② 自行车上的院士：打造中国人自己的"千里眼"[N].北京晚报，2019-02-18日.

（二）敢为人先体现了对未知世界和事物的好奇心和科学探索精神

敢为人先的精神突出体现了中关村人对未知世界的好奇心和科学探索精神。只有敢为人先，敢想别人没有想过的事情，才能具备感知社会变化的最前沿触觉和敏锐洞察力，才能做到与时俱进、与时俱变和与时俱新，保持对科学不断求索的精神。中国民营企业家协会常务理事，北京华讯集团董事长、总裁戴焕忠曾经讲过："我们经常说，我们中关村第一批的老企业家叫'老不死'，什么意思呢，就是失败了再干，再失败再干，一直干到头，那现在又看到第二代、第三代、第四代的企业家，一代一代地兴起，一代比一代强。"[1]

（三）敢为人先的精神让创新的源流不断涌现

40多年来，中关村人秉持的敢为人先精神不断突破思想和制度的藩篱，把科技创新与制度创新结合起来，推动了中关村地区创新的能级，提升了改革创新的层级，推动中关村的科技体制综合改革。四通集团联合创始人朱希铎曾经深有体会地讲过，"中关村最大的特点就是创新，不仅仅是科技创新，我们还有体制创新，还有理念创新，还有模式创新，还有服务创新等"[2]。敢为人先的精神推动了科技资源的优化重组，使得市场机制在资源配置中发挥了决定性的作用，加快了科技成果转化应用。敢为人先的精神以市场需求为牵引，以提供和扩大供给能力为出发点，以抢抓机遇、敢于进取为工作作风，优化了科技资源配置，实现了模式创新和服务创新。敢为人先的精神联结并发挥了体制内外、国际国内两种资源、两个市场的作用，把广大科技工作者的创新活力不断激发出来，推动了中关村创新源流不断涌现，发展潜能不断释放。

敢为人先的中关村，走出了一条科技创新引领经济发展的路子，成为支撑北京高质量发展的主要动力源。截至2018年年底，中关村

---

[1] 引自三多堂传媒公司：七集大型纪录片《中关村》。
[2] 引自三多堂传媒公司：七集大型纪录片《中关村》。

高新技术企业已发展至22110家，企业从业人员2720575人（其中科技人员784720人），企业总收入58830.9亿元，总收入约为2013年的2倍①。中关村40多年辉煌成就，生动地诠释了这样一个道理，唯有敢为人先，方可立于不败之地。

---

① 根据中关村科技园区网站整理。http://zgcgw.beijing.gov.cn/zgc/tjxx/nbsj/2018nsj/index.html.

第二节　知识报国的爱国情怀

自古以来，中国知识分子就以服务国家、服务社会为自己的崇高使命，形成了知识报国、家国情怀的文化传统。知识报国的爱国情怀是中关村创新文化特质在精神动力方面的表现，体现了中关村人的为民情怀、报效国家和以知识推动经济社会发展的使命追求。知识报国的爱国情怀是爱国主义精神在科技革命和产业领域的具体表现，以知识报效国家、反哺社会和服务人民；知识报国的爱国情怀也是一种责任担当，体现了中关村人在国家创新战略中承担的使命和责任。从陈春先等为代表的第一代中关村人，到王志东、刘迎建等为代表的第二代创业者，再到以张朝阳、李彦宏、俞敏洪等为代表的第三代创业者，一代又一代中关村人胸怀知识报国、产业报国的崇高理想，把个人志趣、理想、利益与国家、民族强盛的命运联系在一起，以实现强国梦为己任，紧跟科技革命的浪潮，在中关村这块热土上抒写了壮丽的科技创新宏伟篇章。党和政府历来坚持"尊重知识、尊重知识分子"政策，大力弘扬我国优秀知识分子的爱国主义精神和文化传统。习近平总书记曾经深情地回忆青少年时期读过《岳飞传》后，"'精忠报国'四个字，我从那个时候一直记到现在，它也是我一生追求的目标"[1]。2015年12月30日，习近平总书记主持中央政治局第二十九次集体学习时指出："爱国主义是中华民族精神的核心。爱国主义精神深深植根于中华民族心中，是中华民族的精神基因，维系着华夏大地上各个民族的团结统一，激励着一代又一代中华儿女为祖国发展繁荣而不懈奋斗。"[2]知识报国的爱国情怀和爱国主义精神也是支撑中关村人的精神基因。

---

[1] 《习近平爱国金句："精忠报国"是我一生追求的目标》，中国新闻网，http://www.chinanews.com/ll/2018/09-30/8640324.shtml.

[2] 《习近平爱国金句："精忠报国"是我一生追求的目标》，中国新闻网，http://www.chinanews.com/ll/2018/09-30/8640324.shtml.

一、知识报国是历代中关村人的精神追求

历代中关村人继承和发扬我国爱国知识分子的优良传统,在中关村这块土地上,用知识报效国家和服务人民。知识报国是历代中关村人的价值追求,也是中关村创新文化中爱国主义精神的生动体现。

(一)知识报国的爱国情怀是我国知识分子的优良传统

我国优秀知识分子历来就有知识报国的强烈愿望和爱国情怀。习近平总书记曾指出:"我国广大知识分子是社会的精英、国家的栋梁、人民的骄傲,也是国家的宝贵财富。我国知识分子历来有浓厚的家国情怀,有强烈的社会责任感,重道义、勇担当。一代又一代知识分子为我国革命、建设、改革事业贡献智慧和力量,有的甚至献出宝贵生命,留下了可歌可泣的事迹。"[①]1950年,著名数学家华罗庚从美国返回新中国,在通过罗湖口岸前夕,他发表了一封《致中国全体留美学生的公开信》,信中说:"为了抉择真理,我们应当回去;为了国家民族,我们应当回去;为了为人民服务,我们也应当回去;建立我们的工作基础,为了我们伟大祖国的建设和发展而奋斗。"这封信,鼓舞了钱学森,也唤醒了无数海外赤子。中关村作为知识报国的信仰高地,吸引了一代又一代海内外知识分子在中关村这块热土上挥洒青春热血、展示聪明才智。科技部原秘书长、中国科技体制改革研究会理事长张景安高度评价说:"陈春先、王小兰等中关村的第一代创业者,他们不为名不为利,都是为改革而奋斗,为改革而创新和创办企业,这些都令人感动。他们是中国先进文化的实践者、创新者和传承者。"[②] "中关村文化就是爱国情怀,为国奉献,遇到什么样的困难,怎样再大的困难,他们都是无怨无悔,痴心不改,就是为国奉献、痴

---

① 《习近平:我国广大知识分子要主动担当积极作为 为国家富强民族振兴人民幸福多作贡献》,人民网,http://cpc.people.com.cn/n1/2017/0305/c64094-29123746.html.

② 张景安:《让创新的"火炬"一代代传下去》,中国高新网,http://www.chinahightech.com/html/hotnews/zhuanfang/2018/0702/475371.html.

心不改，这是中关村的魂，是它的文化。"①

（二）知识报国的爱国情怀是中关村人的初心和使命

价值是人对真善美的追求，处于文化的核心地位。价值目标与价值取向决定了行动方向和行动路径。爱国奉献，干出一番惊天动地的伟业，一片丹心报效国家，是一代又一代中关村人的初心和使命，是中关村主流的、共同的价值观。从中关村早期发展看，以陈春先为代表的早期创业者本身都是具有强烈爱国情怀的优秀人才。中国科技体制改革研究会理事长张景安评价说："陈春先是中科院几万人当中最优秀的代表，科学院从将近十万人中选了几个人去美国学习，陈春先就是其中之一。科海的陈清镇、京海的王洪德，包括金延璟，都是在本单位的优秀人才，在中关村他们是为改革而办公司，不是为自己找工作、为就业。他们承载着使命，把科学技术变成生产力，科学报国、创新报国，这是中关村第一代创业者的想法。"②邓中翰是新时期知识报国的典型代表，1992年邓中翰赴美留学，1997年获得博士学位，后在美国IBM和硅谷工作。1999年10月，在国家政策感召下回国创立中星微电子有限公司。2003年，中星微公司推出具有自主知识产权的"星光五号"图像处理芯片，邓中翰获得国家科技进步一等奖。回顾自己走过的路，邓中翰深情地说："我感到自己学习和工作的一切都贴上了'中国芯'的标签，爱国这个字词永远令我热血沸腾。"③

（三）知识报国的爱国情怀是新时代建设世界一流科创中心的精神动力

在中关村40余年的发展历程中，特别是迈向建设国际一流的世

---

① 引自三多堂传媒公司：七集大型纪录片《中关村》。
② 张景安：《学习习近平总书记创新思想，中关村阔步迈向新时代》，搜狐网，https://m.sohu.com/a/242702294_828358.
③ 徐鸿武，李敬德，文晓灵.中国式创新——道路与案例分析[M].北京：国家行政学院出版社，2017：57.

界科技创新征程中,有越来越多的中国海外留学生来到中关村创新创业。是什么原因激励他们来到中关村创业?除了中关村良好的创业环境和文化氛围,主要原因还在于他们心中的知识报国情怀。优秀海归具有国际化视角的项目选择能力、世界级水平的技术研发决策能力和参与全球范围资源整合能力,他们饱受硅谷创新文化的熏陶,了解科技创新前沿动态,具有全球化的视野,是中关村自主创新和发展高技术产业的新生力量。2004年出版的《海归抢滩中关村》和2005年出版的《海归创业中关村》真实地记录了几十位海归在中关村创新创业的故事。这两本书的作者夏颖奇在书中总结了海归会聚中关村的原因:"改革开放的成就,鼓舞着千千万万的海外学子,国家和民族的重托,呼唤着远在他乡的炎黄子孙。一批又一批的中华之子从北美、从欧洲、从日本、从世界的各个角落,满怀着报国之心、创业之志和反哺之情,踏上这块魂牵梦萦的热土,在中关村找到了自己的舞台,成就了一番事业。他们抓住有利的市场机会、政策机会,快速成长、乘势起飞,成为中关村的创业传奇人物。"[1]知识报国的爱国情怀已融入中关村创新文化之中,被一代又一代中关村人所传承。在新时代建设国际一流的科技创新中心征程中,这种知识报国的爱国情怀将不断被发扬光大。

二、知识报国是知识分子的价值体现

知识报国是中关村人价值观的具体体现。历代中关村人特别是科技工作者、海外归来的留学生和科技创业者,把知识报国视为自己人生价值实现的重要途径,他们放弃原有的工作待遇和生活方式,在中关村打拼创业,在实现自身个人价值的同时,努力实现报效国家和服务人民的远大人生价值。这是中关村创新文化的价值和意义所在。

---

[1] 《海归创业中关村》,https://baike.baidu.com/item.

(一)知识报国的情怀体现为中关村创新创业者伟大的理想抱负

知识报国的情怀首先体现在优秀知识分子身上所具有的伟大的理想抱负。建设创新型国家和世界科技强国,关键是要建立一支规模宏大、结构合理、素质优良的创新型人才队伍。中关村未来的发展,必须要努力造就一大批能够把握世界科技大势、研判科技发展方向的战略科技人才,培养一大批善于凝聚力量、统筹协调的科技领军人才,以及勇于创新、善于创新的企业家和高技能人才。从中关村几代知识分子、科技领军人才队伍看,他们有一个共同的特点,就是以知识报效国家,对国家经济社会发展和科技进步怀有伟大的理想抱负。他们都具有很强的世界眼光和战略思维能力,能够站在时代的前列,正确把握世界科技大势,准确研判科技发展的方向,坚持不懈地为国家谋划创新、推动创新;他们都具有协同创新的理念和整合创新的能力,具有识才、爱才、敬才、用才的本领和品格,具有在全球范围内整合资源、凝聚力量、统筹协调的能力;他们都把创新的理念和创新的价值观作为国家发展、企业成长的基因,勇于创新,善于创新,矢志不渝地持续创新;他们求真务实,讲究实效,脚踏实地推动科技发展和进步。他们身上这些优秀的品质和伟大的理想抱负,都来自于他们心中知识报国的爱国情怀。

(二)知识报国的爱国情怀表现为中关村人强烈的忧患意识

研究中关村的创新创业史,就会发现中关村人具有强烈的忧患意识。他们普遍居安思危,不满足于现状;忧国忧民,为科技进步、经济发展和企业成长殚精竭虑;他们看到了与世界的差距,力图奋起直追。这种强烈的忧患意识就是知识分子爱国情怀的真实体现。邓中翰曾经讲过令他印象深刻的一件事。他说很多年前曾经听过美国著名物理学家罗兰的演讲。他说:"罗兰的演讲深深地刺激了我。我真切地感到,只有强大的科技,才会有强大的国家。"邓中翰希望,经过几代人的努力,我们中国也能站在世界科技的最高峰。"中国科技一定会有雄视全球的那一天。只有到那时，才能说我的'中国梦'真正实现了。"

（三）知识报国的爱国情怀表现为中关村人瞄准一流的责任担当

在中关村40余年的发展中，中关村人勇于瞄准世界一流，创造了许多世界领先的科技成果，不断引领我国新技术、新模式、新业态、新金融发展潮流，体现了中关村人的责任担当。这些新技术支撑了新经济，创造了新需求、增加了新价值、拉动了新就业，驱动经济向中高端迈进。据统计，在众创方面中关村涌现出了以创新工场、硬蛋等60多家创新型孵化器为代表的众创空间。仅2015年，中关村新创办科技型企业2.4万家，平均每天诞生66家；在众包方面，中关村涌现出了以百度、小米、京东等为代表的"知识众包""研发众包""O2O众包"等众包模式，京东众包平台日配送量突破50万单，配送员达10万人；在众扶方面，中关村创业大街、中关村智造大街整合了法律、金融、知识产权、人力资源等专业化服务资源，领军型大企业创办了联想之星、百度开放云、航天云网、三一重工等30余家众扶平台；在众筹方面，中关村建设全球股权众筹中心，涌现出天使汇、36氪等一大批股权众筹平台和全国首家股权众筹行业组织。中关村天使投资、创业投资高度活跃，全国80%的天使投资人活跃在中关村[①]。当前，中关村正在以全球视野构建一流创新创业生态系统，打造链接全球创新网络的关键枢纽。这些划时代创新壮举，体现了中关村人瞄准国际一流的责任担当。

三、知识报国彰显新时代中关村人的行动自觉

在中关村，知识报国不仅是理念，更是一种自觉的行动。中关村人在知识报国理念的支撑下，在科技创新的世界舞台上，在创新实践中争当创新的领头雁。实践出真知，行动远胜于理念，行动自觉也是

---

① 李建荣.中关村正在成为我国新经济的发动机[N].科技日报，2016-10-12.

中关村创新文化一大特质。

（一）知识报国的爱国情怀激励中关村人勇做行业的领头雁

中关村早期，以陈春先、王洪德、王选、倪光南等为代表的一批知识分子，怀着知识报国的理想与情怀，拒绝了安乐与清闲，选择了不安与冒险，走上了如履薄冰的企业家道路。如今，他们中的绝大多数都早已成为一个行业、一个领域的领军人物、科技大师和成功的创业者。在关键技术领域，中关村实现了一批重点突破。芯视界自主研发的量子点光谱传感技术，第一次实现了光谱仪的传感器化。梦之墨科技有限公司开发的液态金属电子增材制造技术，则是变革性的电子制造技术，率先实现了液态金属3D打印（增材制造）技术的产业化。在人工智能芯片、集成电路设计、5G移动通信、石墨烯材料制备、液态金属增材制造等关键技术领域，新一代中关村人拿出了一项项领先的科技成果[1]。2018年，中关村示范区高新技术企业总收入超过5.8万亿元，技术收入首次超过万亿元，人工智能、集成电路等高技术产业总收入占比达70%以上，新一代信息技术产业规模超过2万亿元，大数据、信息安全市场占有率位居全国第一，集成电路设计收入约占全国1/3。

（二）知识报国的爱国情怀激发了中关村人竞技世界的雄心壮志

知识报国的爱国情怀激励了一代又一代中关村创新创业者勇攀世界科技高峰。在这种爱国主义精神激励下，近年来中关村在人工智能、生物医疗等多个领域取得了一系列领先的成果。如商汤科技CEO徐立研发计算机视觉和深度学习技术，建立了自主研发的深度学习平台和超算中心，研发了一系列AI技术，包括人脸识别、图像识别、文本识别、医疗影像识别、视频分析、无人驾驶和遥感等，成为中国领先的AI算法提供商，市场占有率居多个垂直领域首位。旷视科技

---

[1] 中关村创新三部曲[N].经济日报，2019-08-21.

CEO印奇研发的核心技术是计算视觉及传感技术相关的人工智能算法，包括人脸识别、人体识别、手势识别、文字识别、证件识别、图像识别、物体识别、车牌识别、视频分析、三维重建、智能传感与控制等技术。在2018年中关村创新论坛上，小米科技公司董事长雷军回忆中关村改革创新40周年深有体会，他说："回首过去，从金山软件到做出电商卓越网，再到成为天使投资人，及之后创立小米，感谢这个伟大的时代，给了我们实现梦想的机会。"[1]

（三）知识报国的爱国情怀推动中关村人自觉争当爱国敬业的典范

在中关村40余年的发展过程中，中关村人崇尚科学、民主的精神，倡导公平竞争原则，加强科技企业的文化建设，自觉地维护中关村市场秩序和社会形象，争当爱国敬业的典范。2018年11月7日，由王小兰、雷军、王文京、李彦宏、熊晓鸽、文一波等101位中关村企业家共同署名的《中关村百名民营企业家倡议书》发布。倡议书提出做"四大典范"的目标：爱国敬业的典范、守法经营的典范、创业创新的典范、回报社会的典范。倡议书号召，中关村民营企业要练好企业内功，打造健康和谐的企业文化，建立共同奋斗、共同分享的激励制度，实现员工和企业的共同成长，在合法合规中提高企业竞争能力；勇于承担社会责任，感恩国家和人民的厚爱与支持，感恩党和政府的改革开放政策和社会主义市场经济体制。参与签名的利亚德集团董事长李军表示："民营科技企业都有科技兴邦、实业报国的理想，下一步一定要加快突破关键核心技术，报效祖国和人民。"[2]

知识报国、产业报国是历代中关村人的精神追求和共同价值观。

---

[1] 《雷军：不仅要做中国的中关村，还要成为世界的中关村》，新浪网，https://tech.sina.com.cn/i/2018-11-02/doc-ihmutuea6225839.shtml。

[2] 《中关村百名民营企业家发出倡议》，人民网，http://bj.people.com.cn/n2/2018/1107/c14540-32254994.html。

知识报国的爱国情怀既是中关村创新文化特质在精神动力方面的表现,也是中关村创新文化的价值体现。中关村创新进程中所展现出来的报效国家、回报社会、服务人民的境界追求,爱国敬业、科技兴邦、创新图强的实干精神,本质上就是社会主义核心价值观的要求,对坚持文化自信和建设社会主义文化强国具有重要的启迪作用。

第三节　勇立潮头的技术理念

勇立潮头是中关村创新文化特质在技术革新方面的表现。勇立潮头就是要具备把握科技革命前沿和态势的敏锐眼光，坚持原始创新，占领科技革命的制高点；勇立潮头就是要具备善于抢抓科技革命机遇和先机的应变能力，争做科技革命的领先者和先行者；勇立潮头就是要具有百舸争流千帆竞的无畏勇气，乘风破浪，砥砺前行，在科技竞争中实现由跟随、并跑到领跑的转变。概括起来，勇立潮头的技术理念就是要勇做科技革命的排头兵、科技改革的推动者和新科技革命时代的奋斗者。勇立潮头的技术理念是中关村在技术变革中总能跟上时代步伐、走在世界前列的精神源头。沧海横流方显英雄本色，一代又一代中关村人在这块土地上，在瞬息万变的科技竞争中，站在科技革命的潮头，演绎科技创新创业的精彩故事，成为科技革命时代的弄潮儿。习近平总书记高度赞美勇立潮头的精神。2016年杭州G20峰会期间，习近平总书记对浙江提出"秉持浙江精神、干在实处、走在前列、勇立潮头"[1]的新要求。2018年12月18日，在庆祝改革开放40周年大会上，习近平总书记强调："在这个千帆竞发、百舸争流的时代，我们绝不能有半点骄傲自满、固步自封，也绝不能有丝毫犹豫不决、徘徊彷徨，必须统揽伟大斗争、伟大工程、伟大事业、伟大梦想，勇立潮头、奋勇搏击。"[2]

一、勇立潮头是赢得全球科技竞争优势的精神动力

勇立潮头、站在世界科技的前沿、掌握关键核心技术是历代中关村人的技术理念和技术追求，是历代中关村人40余年来不断向科技高峰攀登和努力赢得全球科技竞争优势的精神动力。无论是在PC机

---

[1] 浙江日报，2016-10-30.
[2] 《习近平：在庆祝改革开放40周年大会上的讲话》（2018年12月18日），新华网，http://www.xinhuanet.com/2018-12/18/c_1123872025.htm.

时代，还是在互联网时代、移动互联时代，乃至现在进入人工智能发展时代，中关村都有一批又一批的企业引领着技术发展的潮流。

（一）勇立潮头就是要善于捕捉科技变革的先机

捕捉先机，就是敢于下先手棋，敢于成为行业的领军企业。中关村人一直在探索和追寻世界科技发展的潮流，努力把握科技变革的先机，涌现出了许多经典的案例，形成了一批行业内的领军企业。如，移动互联网与下一代互联网领域内的领军企业百度、联想等；空间与地理信息领域内的领军企业合众思壮、北斗星通等；集成电路设计领域内的领军企业兆易创新、展讯通信等；文化和科技融合领域内的领军企业今日头条、新浪等。这些企业都是抓住了科技变革的先机和机遇并取得成功的典型代表。

李彦宏成功创立百度公司就在于他敏锐地发现了科技变革的先机。20世纪90年代末，李彦宏在硅谷工作期间，创建了ESP技术，并将它成功应用于Infoseek/GO.com的搜索引擎中。从这项技术中他看到了搜索行业发展的巨大前景和重大机遇。2000年1月1日，李彦宏从美国硅谷回国，创建了百度公司。创立之初，百度就将自己的目标定位于打造中国人自己的中文搜索引擎。同年5月，百度成功完成了中文搜索引擎的研发工作，取得了自己的第一个产品——百度中文搜索引擎。2005年8月5日，百度在美国纳斯达克上市。百度迅速占领中国搜索引擎市场，成为中国最主要的搜索技术提供商。

小米公司是借助"互联网+"先机推动商业模式创新的典型代表企业。小米创立之初就以创新的移动互联网手机销售模式为基础迅速崛起，仅用2年多时间就进入中国手机销量厂商前三位，之后利用物联网市场发展契机，通过孵化、投资、并购等手段，在智能硬件、手机周边、网络商城、线下零售、文化娱乐、游戏、金融等领域持续发力，构建起以"硬件+互联网+新零售"为基础的产业链生态模式。

（二）勇立潮头就是要勇于抢占科技前沿

占领前沿，就是占领高地。中关村人着眼于勇立潮头的技术理念，深刻地意识到在当前世界科技面临重大变革和竞争激烈的背景下，选择、培育和孵化前沿企业以及掌握前沿技术的极端重要性。2016年中关村管委会建立了前沿科技创新中心，通过全球选拔、公开路演方式每年选拔出一批前沿技术企业，这些企业主要涉及人工智能、智能制造、新材料、前沿生物等新兴行业。这些企业进驻中关村前沿技术创新中心之后，得到了全方位加速升级孵化。

2016年，有32家企业入选中关村前沿企业，这些前沿企业分布在人工智能、生物健康、新材料、高端装备、大数据、虚拟现实等领域；2017年，分二批次共有15家企业入选中关村前沿企业，主要分布在人工智能和大数据等领域；2018年，分三批次共有30家企业入选中关村前沿企业，主要分布在生物医药与医疗器械、智能制造与新材料、高端芯片、智能机器人与虚拟现实等领域；2019年，第一、第二批次共有92家企业入选中关村前沿企业，主要分布在人工智能、大数据与云计算、5G与工业互联网、高端芯片、机器人与虚拟现实、智能制造与新材料、智能驾驶与车联网、节能环保与新能源、信息安全与金融科技等领域（见表3-1）。从近年来入选的这些前沿企业看，它们主要分布在人工智能、5G与工业互联网、高端芯片、大数据与云计算、智能机器人等前沿科技领域，代表了未来产业发展的前沿方向。

表3-1　2016—2019年入选中关村前沿科技企业名单

年份	入选的前沿科技企业
2016年 （32家）	智车优行、北京凌云、达阀科技、地平线、旷视科技、诺亦腾、商汤科技、百分点、百家互联、匡恩网络、腾云天下、忆恒创源、优特捷、至信普林、天云融创、数据堂、修齐治平、浩瀚深度、智能管爱、遨博（北京）、拓博尔、信远华油、泰邦泰平、羲源创新、梦之墨、柏惠维康、爱博诺德、毅新博创、寒武纪、北京深鉴、芯世界、佳格天地

续表

年份	入选的前沿科技企业
2017年（15家）	第一批（11家）：速感科技、云知声、驭势科技、羽扇智、北京声智、北京深晶、中科视拓、中科慧眼、第四范式、易捷思达、初速度
	第二批（4家）：永洪商智、智云奇点、明略软件、罗格数据
2018年（30家）	第一批（11家）：第四范式、羽扇智、驭势科技、初速度、北京深晶、北京声智、中科视拓、智云奇点、永洪商智、易捷思达、明略软件
	第二批（4家）：第四范式、速感科技、中科慧眼、罗格数据
	第三批（15家）：修齐治平、忆恒创源、天云融创、百家互联、数据堂、信远华油、智能管家、智车优行、凌云智能、科信美德、毅新博创、腾云天下、梦之墨、诺亦腾、佳格天地
2019年（92家）	第一批（33家）：艺妙神州、合生基因、药渡经纬、零氪科技、朗视仪器、华脉泰科、博雅辑因、百世诺、赛纳生物、诺禾致源、龙基高科、安诺优达、中科纳泰、弘大科技、派和科技、中科富海、知觉科技、数字绿土、迈吉客、北京一数、北京泊松、北醒光子、北京忆芯、芯洲科技、华大九天、诺诚健华、阿迈特、海杰亚、天智航、博辉瑞进、天鼎联创、泰科天润、北京灵汐
	第二批（59家）：第四范式、云知声、羽扇智、初速度、北京深晶、北京声智、中科视拓、速感科技、中科慧眼、易捷思达、永洪商智、北京明略、罗格数据、佳格天地、易数科技、深醒科技、中科闻歌、九章云极、易掌云峰、塞宾科技、慧影医疗、香侬慧语、三角兽、七鑫易维、同光科技、九天微星、木牛领航、清微智能、北京亦盛、新港海岸、知存科技、京微齐力、百瑞互联、华捷艾米、科益虹源、亮亮视野、灵动科技、踏歌智行、图森智途、未来（北京）、北京物灵、小马智行、鑫精合激光、北京驭光、灵犀微光、清核朝华、北京卫蓝、北交新能、北京众清、金晟达、中科金审、北京芯盾、北京威努特、中科聚信、北京长亭、北京微步、北京京仪、蓝箭航天、天泽智云
	第三批：（暂未公布）

资料来源：中关村科技园区网站，http://zgcgw.beijing.gov.cn。

对前沿企业的评选也是一个不断改革创新的过程。从2016年起，中关村对前沿企业的选拔和服务进行了大胆创新，评审方式不再是传统的闭门专家评审，而是变为公开路演，每场由10名左右的专家和近百名专业观众、投资人共同参与。2016年当年，中关村共举办了11次路演活动，共吸引超过500人次的投资机构人士参与，近百人次专家参与了项目的路演。通过公开路演，把那些真正具有前沿性质、具有创新潜质的企业挖掘出来，把它们培育成行业的领先者，推动它们勇立科技变革的潮头，始终站在当今科技发展的前沿。

（三）勇立潮头就是要实现创新驱动引领发展

创新是中关村文化的灵魂和发展的不竭动力之源。创新源自勇立潮头、创优争先的技术发展理念，在这种理念的支撑下，中关村创新不断升级，而且创新的领域和范围覆盖体制机制创新、商业模式创新、组织制度创新、企业文化创新等各个方面。四通公司原总裁朱希铎曾总结了中关村创新发展的三部曲：第一阶段是产品创新。产品创新是那个时代创业的最主要特征，通过对产品附加一点技术创新和技术支持服务，就能营造一大批企业。例如，四通靠一个打字机，联想靠一个汉卡，北大方正靠激光照排软件，清华紫光靠扫描仪。有了创新产品，企业就可以做大做火，成为一个全国性的大公司。第二阶段是企业创新。公司法出台后，企业开始研究怎么股份化，怎么集团化，怎么产学研结合，企业如何做大做强？这已经成为中关村所有企业共同的主题。第三阶段是产业创新。此时再单独靠一项技术成果、一个技术专家、一家企业和产业链上的一个环节来做，是做不成大规模产业的。这个时候就需要技术的跨界创新，需要资源的全面整合、产业链上下游协同等，然后还需要产品创新、产业链创新、商业模式创新、治理机制创新等[①]。

中关村历经多次发展转型，从最初的中关村一条街，到新技术开发试验区、中关村科技园区，再到如今的国家自主创新示范区，越来越多的创新要素在中关村聚集。人才、技术、资本，形成"新三驾马

---

① 听中关村第一代创业者讲创新故事[N].经济日报，2019-08-08.

车",为创新开足马力。创新的步伐越来越快,创新的能级越来越高,创新的领域覆盖越来越广,创新的环境越来越优,创新性的成果如涌泉般喷薄而出。

二、建设科技强国和创新型国家的使命担当

新时代,北京城市"四个中心"功能定位确定后,正加快建设成为全国科技创新中心的步伐。2009年,国务院批复同意建设中关村国家自主创新示范区,要求把中关村建设成为具有全球影响力的科技创新中心,建设成为创新型国家建设的重要载体。中关村自身的发展与国家和北京市的发展紧密相连,息息相关。中关村作为创新的一面旗帜在建设科技强国和创新型国家任务中担负"重要载体"[1]的使命,在北京市建设全国科技创新中心任务中担负着"主要载体"[2]作用。勇立潮头的精神将继续引领中关村在全国科技创新中心建设中发挥排头兵作用。

(一)发挥重要载体作用需要勇立潮头的精神支撑

习近平总书记也指出:"我们比历史上任何时期都更接近中华民族伟大复兴的目标,我们比历史上任何时期都更需要建设世界科技强国。"40余年来,中关村不断把握、追逐国际科技浪潮,创造了一批具有自主知识产权的重大技术创新成果,走出了一条创新引领发展的道路。40余年来,中关村人把建设科技强国作为自己的使命和担当,为建设科技强国和创新型国家付出了巨大的努力,做出了突出的贡献,发挥了重要载体作用。

一是围绕国家重大战略需求,在国家重大工程和国防建设中发挥了重要载体作用。中关村企业、科研机构参与了嫦娥工程登月计划、

---

[1] 引自:翟立新.中关村要当好北京建设全国科技创新中心的主要载体》[J].前线,2018(3).

[2] 《国务院关于印发北京加强全国科技创新中心建设总体方案的通知》(国发〔2016〕52号),2016年9月11日。

神舟飞船、青藏铁路工程、奥运火炬珠峰登顶等多个国家重大工程的技术攻关和建设。曙光、中科联创等相关技术产品在我国国防与国家安全领域承担重要任务。比如，曙光自主可控的云计算和大数据技术将借助双方的协同创新平台，为我国联合作战指挥体制和军事指挥信息系统建设提供先进的技术支持和完善的云服务体系。中航天地激光科技有限公司首创3D打印钛合金大型构件，用激光技术将钛合金逐层堆积，制造出钛合金飞机整体构件，使我国成为继美国之后世界上第二个掌握飞机钛合金结构件激光快速成型及应用的国家。

二是在区域协同发展和辐射全国创新发展中发挥了重要载体作用。经过40多年的发展，中关村从过去自我发展、服务首都区域发展，向通过技术交易、产品和服务示范应用、创新协作、设立分支机构、跨区域并购、共建园区等多种模式，在更大范围内辐射全国创新发展。近年来，中关村在实现自身做大做强的同时，也积极融入京津冀协同发展、长江经济带等国家战略，带动其他地区创新发展，实现向辐射带动的升级。

三是在引领中国高新技术产业发展方向过程中发挥了重要载体作用。40多年来，中关村作为战略性新兴产业策源地，引领中国高新技术产业发展方向。目前，中关村已成为我国规模最大、综合竞争力最强的高技术产业基地，中关村在全国高新区的领头羊地位持续巩固。2017年，中关村总收入占全国高新区的比重为16.8%，约为1/6，占比较1999年提高2.6个百分点，较2009年提高0.3个百分点。中关村2017年总收入比位列2—5名的4个国家高新区总收入之和（约为5万亿元）还要高近3000亿元；中关村海淀园的收入（2.1万亿元）比排名第二的上海张江（1.9万亿元）还要高。

（二）发挥主要载体作用需要勇立潮头的精神支撑

40多年来，中关村对首都经济增长和全国科技创新中心建设发挥了核心引擎作用。2017年，中关村增加值7352.2亿元，占北京市的比重为26.3%，占比较1999年增加17.8个百分点，较2009年增加

7.6个百分点。对全市GDP增长贡献率高达35.4%。2017年，中关村高技术企业收入5.3万亿元，是1989年（17亿元）的千倍以上，是1999年（1049亿元）的近49倍；是2009年（1.3万亿元）的4倍。实缴税费方面，2017年为2593.9亿元，是1999年（40.8亿元）的64倍；是2009年（658.7亿元）的4倍。2016年9月，国务院印发《北京加强全国科技创新中心建设总体方案》，提出要发挥中关村国家自主创新示范区的主要载体作用。

新时代，在全国科技创新中心建设中，中关村如何发挥"主要载体"作用？中关村管委会主任翟立新同志将中关村的"主要载体"作用概括为五个方面：一是当好先行先试改革的主要载体，着力促进科技与经济结合；二是当好原始创新策源地的主要载体，着力培育具有技术主导权的产业集群；三是当好构建高精尖经济结构的主要载体，着力推动"一区多园"高端发展；四是当好引领辐射全国的主要载体，着力构建京津冀协同创新共同体；五是当好参与全球科技竞争的主要载体，着力深化开放创新合作[①]。这五个方面的载体作用，是中关村在建设全国科技创新中心过程中的使命担当。中关村要担负起"主要载体"作用，就需要进一步发挥中关村创新文化优势，继续发扬中关村勇立潮头的精神。

（三）加快向具有全球影响力的科创中心进军需要勇立潮头的精神

40多年来，中关村积极参与"一带一路"建设，主动融入全球创新网络，通过招揽国际顶尖创新人才、与境外科研机构开展合作、建设或并购境外研发机构、投资孵化境外创新创业项目、建设国际专利池、创制国际标准等多种方式在全球范围配置高端创新资源，参与更高层次的国际竞争，中关村的全球影响力日渐提升。当前，全球竞

---

① 翟立新.中关村要当好北京建设全国科技创新中心的主要载体》[J].前线，2018（3）.

争格局处于深度调整期,世界范围内新一轮科技革命和产业变革蓄势待发;新技术、新业态层出不穷,对国际政治、经济、军事、安全等产生深刻影响,成为重塑世界经济结构和竞争格局的关键;世界主要国家纷纷制定参与全球创新竞争的发展战略,求长远与可持续发展日益成为各国战略目标。进入新时代,中关村要继续发扬勇立潮头的精神,坚持高标准、大尺度、深层次,以全球视野、国家战略高度和区域发展大局角度来谋划和推动示范区的创新发展,带头服务于创新驱动发展、京津冀协同发展等重大国家战略,服务于北京建设全国科技创新中心、构建高精尖经济结构等重大部署,肩负起新时代赋予中关村科技创新事业的新使命。

三、坚持自主创新的不懈追求

40余年来,中关村人凭着勇立潮头的精神,始终坚持原始创新,把掌握关键核心技术作为自己的使命和追求。习近平总书记强调:"核心技术靠化缘是要不来的,只有自力更生。"[①]中关村40多年的创新创业史就是一部追求原始创新、自主创新的历史。

(一)把不断追求技术进步和升级作为自己的使命

在当今时代,科技变革瞬息万变,变化的速度异常快捷,技术革命大浪淘沙,产品迭代更新极快。PC时代,技术的迭代周期大约是18个月,到了移动互联时代,产业迭代周期缩减至6个月甚至更短。随着技术的不断进步,整个信息技术产业进入快速发展通道。在中关村40余年创新的各个历史阶段中,诞生了一批企业,研发了一批先进技术和产品,但一些技术和产品又很快被更新换代升级甚至被淘汰,一批明星企业有的坚持下来发展壮大,有的转型改行甚至湮没在历史尘埃中。应该说,这是技术进步和技术发展的客观规律。但是,

---

① 《习近平:核心技术靠化缘是要不来的,只有自力更生》,中国网,http://www.china.com.cn/news/2015-02/16/content_34834846.htm。

我们不能忘却一代又一代中关村人在其中做出的巨大贡献，他们以勇立潮头的理念，以坚忍不拔的毅力和勇气，成为一个时代或一个时期先进技术的发明者、领先者，推动中关村技术不断进步和升级，在中关村的创新发展进程中留下了浓墨重彩的一笔。比如，王选教授发明的汉字激光照排技术，开创了光与电的印刷时代；连邦公司最早拓展电子商务，曾缔造了中国最早、当时最大的电子商务网站8848；瑞星公司的杀毒软件，使公司成为国内网络安全产品的主要供应商；金山公司求伯君开发WPS办公软件，获得国家科技进步二等奖；1985年，北大物理系青年教师张玉峰等下海创办方正集团；1988年，希望电脑公司推出的UCDOS（超级组合式汉字系统）及后来的"希望汉字系统"成为中关村的拳头产品；1989年，大洋图像技术公司开发出中国第一台特技型彩色字幕机；2000年，科利华公司开发出Cleverstar（智慧星）系列软件，成为中国教育软件的开创者；2001年，红旗中文贰仟软件技术有限公司开发的RedOffice办公套件，被国家四部委列入国家重点新产品计划；2004年，曙光信息产业有限公司每秒运算11万亿次的曙光4000A超级计算机研制成功，使中国成为第三个能研制10万亿次高性能计算机的国家；2004年，联想集团整体并购IBM的PC业务，开国内计算机企业并购国际顶尖企业的先河。40余年来，一代又一代中关村创业者，凭着勇立潮头的精神不断地推动中关村技术进步和产业变革。

（二）把原始创新和自主创新作为核心理念

党的十九大报告指出："加强应用基础研究，拓展实施国家重大科技项目，突出关键共性技术、前沿引领技术、现代工程技术、颠覆性技术创新，为建设科技强国、质量强国、航天强国、网络强国、交通强国、数字强国、智慧社会提供有力支撑。""要瞄准世界科技前沿，强化基础研究，实现前瞻性基础研究、引领性原创成果重大突破。"

40多年来，中关村不断强化原始创新，以服务国家战略为导向，瞄准世界科技创新前沿趋势进行超前布局，在科学前沿领域勇闯无人区，引领性原创成果实现重大突破，正从科技创新、新兴产业国际前沿水平的"跟跑者"，转变为不同领域"并跑者"、局部领域的"领跑者"。核心技术的突破，使我国在全球相关领域中拥有了一定话语权。汉卡、汉字激光照排、超级计算机、"非典"和人禽流行性感冒疫苗等关键核心技术的突破，使我国在全球相关领域中拥有了一定话语权。一大批国际领先的前沿技术涌现使中关村在人工智能、新材料部分领域成为全球创新的领跑者，如，百度和驭势科技无人驾驶汽车、商汤科技计算机视觉、王中林院士纳米压力发电机、航材院石墨烯制备与应用、理化所液态金属、百济神州靶向＋免疫、中科寒武纪全球首个深度学习专用处理器架构指令集、商汤科技人脸识别算法、诺亦腾基于MEMS惯性传感器的动作捕捉技术、地平线的自动驾驶"雨果"平台和智能家居"安徒生"平台、柏惠维康公司神经外科机器人等。

（三）把掌握和突破核心技术作为创新的重点

习近平总书记指出："实践反复告诉我们，关键核心技术是要不来、买不来，也讨不来的。只有把关键核心技术掌握在自己手中，才能从根本上保障国家经济安全、国防安全和其他安全。"[①]40多年来，中关村创新能力不断增强，勇立潮头的理念推动中关村在关键技术、核心技术等领域实现了一批重点突破。

一是掌握和突破了一批核心技术。中关村先后攻克了汉字激光照排系统、曙光超级计算机、中文搜索引擎、5G移动通信、人工智能芯片、石墨烯材料制备、液态金属增材制造、靶向免疫等一批关键核心技术。2018年中关村企业专利申请量8.6万件，获专利授权5.4万

---

① 习近平中关村2018年5月28日在中国科学院第十九次院士大会、中国工程院第十四院士大会上的讲话。

件①。中关村的大唐5G标准、百度无人驾驶平台、百济神州单克隆抗体类抗癌药物、龙芯通用CPU 3A3000、紫光展锐移动智能通信芯片、寒武纪商用深度学习处理器、国际首个纳米药物输送机器人、国内首款云端人工智能芯片(理论峰值速度达到世界先进水平)等一批变革性科技成果相继出现。

二是在某些领域实现了颠覆性创新或行业领先。人工智能领域,有寒武纪、地平线、中星微电子、深鉴科技、商汤科技、旷视科技、国双、第四范式、出门问问、驭势科技、格灵深瞳、图森未来、初速度、宽凳巴士、渡鸦科技等。物联网领域,有ZEPP、MOOV、源码智能等。区块链有果仁宝、瑞卓喜投、众享比特、天德科技、OKCoin等。新零售领域,有哈密科技、七只考拉、小麦便利店、小易到家、店商互联等。内容产业领域,有唱吧、百度文学、花椒网、暴风魔镜、新片场等。

三是抓"硬科技"创新企业培育,打造参与全球创新竞争的重器和利器。"硬科技"是指主要聚焦在人工智能、航空航天、生物技术、光电芯片、信息技术、新能源、新材料、智能制造等领域,具有较高技术门槛和技术壁垒,比一般高科技更加核心、更加高精尖的原创性技术。经过长期积累,目前中关村科学城范围内已经培育出一批从事"硬科技"创新企业。截至2018年5月底,海淀区拥有商汤科技、旷视科技、寒武纪、小米科技等"硬独角兽"在内的独角兽企业34家,占中关村48.6%,占全国20%,总估值2006.7亿美元,占全国31.9%;拥有代表技术创新最前沿、引领我国科技创新方向的"中关村前沿技术企业"38家,占中关村66.7%;获得A轮及A轮后融资的硬科技企业367家,占中关村50.5%。这些"硬科技"创新企业的快速发展代表了中关村科学城技术驱动企业型增多、模式创新企业升级发展的新趋势。

---

① 数据来源:中关村科技园区网站,http://zgcgw.beijing.gov.cn/zgc/tjxx/nbsj/2018nsj/index.html.

四是基础研究领跑成果不断涌现。2018年，中关村出台"海淀创新发展16条"。强化基础前沿布局，北京前沿国际人工智能研究院、中关村人工智能创新创业基地揭牌；全球健康药物研发中心建立了业界领先的药物化学、先导化合物发现/高通量筛选平台，针对结核病、疟疾等疾病的项目研究取得突破性进展；北京大学彭练矛团队开发出具有国际领先水平的新型超低功耗碳基晶体管，颠覆了传统器件物理概念；清华大学黄翊东团队在国际上首次实现了人工双曲超材料中的"无阈值切伦科夫辐射"，并研制出世界首款自由电子辐射芯片等。

勇立潮头的技术理念是中关村创新文化主要特质，展现的是中关村人在追求技术变革和科技创新进程中的精神风貌、意志品质、科学态度和价值追求，是推动中关村科技进步和在科技竞争中赢得优势的精神动力之一，它已经深深地融入中关村创新文化体系之中。新的时代，面临新一轮科技深刻变革和科技竞争激烈的复杂局面，需要继续弘扬中关村勇立潮头的技术理念，推动中关村加快迈向具有全球影响力科技创新中心进程。

第四节　先行先试的改革品格

先行先试是中关村文化特质在作风和行为方面的重要表现。先行先试就是摸着石头过河，勇于探索没有走过的路，甘当改革的探路者和铺路石；先行先试就是先行一步，不怕失败，宽容失败，甘做改革的试验田；先行先试就是先行示范，推动改革由局部试点向全面深化改革发展，打造改革的新高地。概括起来，先行先试的改革品格就是自我革新、自我牺牲和自我奉献的精神。20世纪90年代初，邓小平同志在视察南方时讲过："胆子还是要大，没有胆量搞不成现代化。""要克服一个怕字，要有勇气。什么事情都要有试第一个，才能开拓新路。""要敢于试验，不能像小脚女人一样。看准了的，就大胆地试，大胆地闯。""没有一点闯的精神，没有一点'冒'的精神，没有一股气呀、劲呀，就走不出一条好路，就走不出一条新路，就干不出新的事业。"[1]进入新时代，习近平总书记充分地肯定先行先试精神对于推动改革向纵深发展的重要作用。2013年12月3日，习近平总书记在中央政治局第十一次集体学习时强调："要鼓励地方、基层、群众大胆探索、先行先试，勇于推进理论和实践创新，不断深化对改革规律的认识。"[2]2013年、2018年，习近平总书记两次视察深圳，发出中国改革不停顿、开放不止步的时代宣言。2018年12月18日，在庆祝改革开放40周年大会上，习近平总书记高度评价先行先试的重要意义："40年来，我们解放思想、实事求是，大胆地试、勇敢地改，干出了一片新天地。""我们坚持加强党的领导和尊重人民首创精神相结合，坚持'摸着石头过河'和顶层设计相结合，坚持问题导向和目标导向相统一，坚持试点先行和全面推进相促进，既鼓励大胆试、大胆闯，又坚持实事求是、善作善成，确保了改革开放行稳

---

[1] 邓小平文选（第3卷）[M].北京：人民出版社，1993：372.
[2] 《习近平：紧紧依靠人民推进改革，鼓励地方先行先试》，中国网，http://finance.china.com.cn/news/gnjj/20131204/2021924.shtml.

致远。"①

一、突破体制机制束缚和自我革新

2014年6月,习近平总书记在全国两院院士大会上讲过:"我国科技发展的方向就是创新、创新、再创新。实施创新驱动发展战略,最根本的是要增强自主创新能力,最紧要的是破除体制机制障碍,最大限度解放和激发科技作为第一生产力所蕴藏的巨大潜能。"②中关村创新文化的核心特质就是创新,就是通过先行先试的办法,不断突破体制机制束缚,推动科技体制机制改革向纵深发展。

(一)先行先试的改革品格推动了科技制度深化改革

中关村体制机制改革首先是从科技制度开始的,中关村科技体制改革的过程就是不断先行先试的过程。改革的主要内容就是打破传统科技体制机制的束缚,激发科研人员的积极性。

在"中关村电子一条街"时期,以陈春先为代表的一批"敢为天下先"的科技人员下海创业,与传统的科技旧体制和旧思想发生了激烈的碰撞,拉开了科技管理体制机制改革的序幕。1988年3月,中科院院长周光召在全国科技工作会议上发表讲话,正式提出"一院两制"。改革的核心内容是在中科院并存的科学研究与技术开发两种不同类型的工作,应根据各自不同的特点与规律,采用不同的运行机制、管理体制和评价标准。

在新技术产业开发试验区时期,中关村大力度推动产权改革。1994年,试验区办公室在"谁投资谁所有"的前提下,兼顾科技创业人员在资产积累过程中的贡献的产权界定原则,实行了园区企业的股份制改革。在《公司法》的指导下,大批新办公司、校办企业和国

---

① 习近平:《在庆祝改革开放40周年大会上的讲话》(2018年12月18日),新华网,http://www.xinhuanet.com/2018-12/18/c_1123872025.htm.
② 《习近平:我国科技发展方向要创新创新再创新》,新浪网,http://news.sina.com.cn/o/2014-06-10/015930326042.shtml.

有企业都实行股份制改造，建立了现代企业制度，成为园区市场化发展的重要基础。这些制度最后都在全国推广，为国家科技改革实践做出了重要贡献。

在中关村科技园区建立后，园区又出现了许多引人注目的科技体制机制创新。特别是《中关村科技园区条例》，对中关村科技园的定位、政策功能区范围、市场主体、竞争秩序、国际合作、政府行为、知识产权等一系列内容进行规范化表述，做出了多个全国第一的创新性规定。尤其是总则中"法无禁止即可尝试"的表述，为中关村创新创业文化的形成和发展提供了良好的制度基础。这期间科技体制改革，重点围绕促进科技成果转移转化展开，先后实施了"1+6"先行先试政策、"京校十条"、"京科九条"等创新政策，在科技成果使用处置收益管理改革、研发费用加计扣除、科研项目经费管理改革等方面取得重大突破。

中关村国家自主创新示范区建立后，中关村科技园区作为全面创新改革先行先试的"试验田"，继续进行机制体制方面的突破，通过多种服务平台了解企业的需求。2013年，中关村示范区推出"新四条"政策，改革的内容主要包括高新技术企业认定中文化产业支撑技术等领域范围试点、有限合伙制创业投资企业法人合伙人企业所得税试点、技术转让企业所得税试点和企业转增股本个人所得税试点。

改革进入深水区，迫切需要进一步破除体制机制障碍。为此，在市委、市政府领导下，中关村推动落实全面创新改革。针对开放创新的障碍，率先实施了企业境外并购外汇管理和外债宏观审慎管理改革试点；针对新业态发展的障碍，向中央有关部门提出了"双创"综合改革和简政放权试点政策建议，推动落实食品药品监管、工商行政管理等改革试点等。

（二）先行先试的改革品格促进了人才制度改革创新

人才是创新的第一资源。为了吸引全球的人才到中关村创新创业，中关村在国家和北京市支持下，采取并实施了一系列先行先试的人才政策。2011年,国家发改委等15个部委和北京市政府在中关村启动全国第一个国家级人才特区建设工作,实施了"千人计划"、"海聚工程"、"高聚工程"、中关村国际人才创新创业生态系统建设工程。中关村对标美国硅谷等科技创新中心,致力于推动开展外籍高层次人才取得永久居留资格程序便利化试点。包括探索技术移民、华裔卡试点,建立市场化外籍人才评价标准体系,逐步放开了外籍人才创业就业限制,完善外籍人才短期工作及实习签证制度。推动实施高层次人才医疗政策,统一规划集中建设一批面向创新人才的公共租赁住房,配套建设双语幼儿园和国际学校等。2015年年底,公安部推出支持北京创新发展的20项出入境政策措施,助力北京吸引集聚国际人才,其中10项政策如建立"绿卡直通车"等为全国首创,并在中关村先行先试,成为全国外籍人才管理改革力度最大的制度创新。联想集团的印度籍高管Menon Sanjeev Surendranath等7名中关村外籍高层次人才,获得了中国的永久居留证(俗称"绿卡"),成为首批通过中关村"绿卡直通车"通道获批的外籍人才。截至2016年12月底,新政实施满9个月,北京市共发放500余张绿卡(通过新政办理336张)。

(三)先行先试的改革品格推动了中关村园区管理体制机制不断改革创新

在先行先试精神的激励下,中关村园区管理体制机制也经历了几次重大的改革。

第一个阶段是创建开发试验区。在中关村电子一条街的基础上,海淀区划出100平方公里左右的区域作为开发试验政策区。试验区的使命就在于"试验"二字。它意味着这是一个推崇创新的过程,也是一个先行先试、容许试错的过程。1988年,国务院批准了《北京市新技术产业开发试验区暂行条例》(简称"十八条")。这十八条,涉及税收减免、财政返还、银行贷款、银行借贷、产品定价、基本建设、外贸出口、人员出国等,为中关村早期民营企业的创业创新,提供了有力的保障。

第二个阶段是创建中关村科技园区。1999年6月5日，国务院印发《关于建设中关村科技园区有关问题的批复》，原则同意北京市政府和科技部关于加快建设中关村科技园区的意见和关于中关村科技园区的发展规划。同年8月10日，北京市政府通知决定将北京市新技术产业开发试验区管理委员会更名为"中关村科技园区管理委员会"。2003年，市政府办公厅印发《中关村科技园区管理体制改革方案》，明确中关村管委会建立"小机构、大服务"的园区管理体制。

第三个阶段是国家自主创新示范区。2009年3月13日，中关村科技园区被国务院确定为国家自主创新示范区，建设具有全球影响力的科技创新中心。在建设国家自主创新示范区期间，园区管委会联合19个国家部委、31个北京市相关部门和区县相关部门，共同成立了中关村创新工作机制与平台，建立了跨层级、跨部门的集中统筹工作机制，有效地保证了相关政策的出台。中关村管委会发起成立北京中关村科技创业金融服务集团有限公司、中关村发展集团、中关村科技创新和产业化促进中心等创新平台组织，尝试依托各类平台来保障政府和企业的沟通并推进体制机制改革创新，试行决策、实施、监督相分离的管理和服务模式。

二、甘当国家科技体制改革的试验田

先行先试是中关村创新文化中最能体现改革精神、探索勇气和敢于担当试验田的精神品格。改革没有现成的模式和道路，需要探索和试验，需要先行者和探路者。在建设全国科技创新中心进程中，需要继续坚持和弘扬中关村先行先试的改革品格，继续发挥中关村作为国家科技体制改革试验田的作用。

（一）以先行先试的改革品格破除体制机制障碍

习近平总书记强调：实施创新驱动发展战略，"最为紧迫的是要进一步解放思想，加快科技体制改革步伐，破除一切束缚创新驱动发展的观念和体制机制障碍"①。过去40多年，中关村科技体制机制改革不断取得突破，作为中国科技体制改革的试验田产生了无数个"第一"：第一家民营科技企业、第一家无形资产占注册资本100%的企业、第一家有限合伙投资机构、第一个政府引导基金、第一部科技园区地方立法、第一个"法无明文禁止皆可为"的科技园区条例、第一家科技成果占注册资本100%的企业等。党的十八大后，中关村又被赋予新使命，率先实施了统筹"一区多园"管理体制机制，率先开展了"1+6""新四条""京校十条""京科九条"等系列先行先试政策，中关村正在向具有全球影响力的科技创新中心进军。正是体制机制上的大胆突破，让中关村为中国现代科技企业的配套制度，创出了一条极具中国特色的高科技园区发展道路。

新时代，中关村人需要继续弘扬先行先试的改革品格，推动我国科技体制改革深化发展。一是要推动科技与经济社会深度融合。打通从科技强到产业强、经济强、国家强的通道，围绕产业链部署创新链，围绕创新链完善资金链，消除科技创新中的"孤岛现象"，破除制约科技成果转移扩散的障碍，让一切创新的源流不断涌现。二是要探索建立高效协同的创新体系。解决好"由谁来创新""动力从哪里来""成果如何用"三个基本问题，培育产学研相结合、上中下游衔接、大中小企业协同的良好创新格局。三是要完善科技体制改革的制度环境。进一步突出企业创新主体地位，使企业真正成为技术创新决策、研发投入、科研组织和成果转化的主体，注重发挥企业家才能。

（二）以先行先试的改革品格进一步激发科技人员的积极性

人是关键的因素。深化科技体制改革需要拿出先行先试的勇气，进一步解放科技人员，释放科技人员的积极性和生产力。过去，为促进产学研结合，中关村成立了产业技术研究院、协同创新研究院，建立了若干中关村开放实验室，支持建立大学科技园和孵化器，支持产

---

① 习近平总书记2013年9月30日在十八届中央政治局第九次集体学习时的讲话。

学研部门联合开展技术攻关，促进科研人员与企业人员双向流通；为解决科技成果流通问题，在中关村成立了技术交易机构，通过市场选择的方式，加快科技成果转移转化，并通过市场反馈促进技术改进；中关村还进行了"三权改革"，实行了科研项目经费管理改革试点、研发费用加计扣除、对员工的股权奖励可递延缴纳个人所得税等一系列促进科技成果转化的试点政策。这一系列体制机制改革和政策创新，使中关村初步形成了源头创新、科技研发、成果转移转化、成果使用和再创新的链条和体系。

新时代，中关村要继续充分发挥科技体制改革"试验田"作用，进一步加大科技人员成果转化激励，进一步加强知识产权保护和运用，进一步促进金融资本与科技创新的深度结合，推动创新链、产业链、政策链、资金链有效贯通，科技、经济、社会等领域改革更加协同，取得一批可复制、可推广的试点经验，形成有利于高质量发展的体制机制与政策环境。我们欣喜地看到，中关村深化改革的成果不断涌现，涌现了北京量子信息科学研究院、北京生命科学研究所、脑科学与类脑研究中心、北京大数据研究院等一批创新型研发机构。比如，北京生命科学研究所，最早定义为中国科技体制改革的试验田。国家领导人提出了三个目标和任务，就是要出成果、出人才、出机制。那么"北生所"从一开始，就采取和国际接轨又符合中国国情的管理理念，是国内最早无行政级别、无事业编制、全所实行合同制的试点事业单位。由包括诺贝尔奖得主在内的人才招聘专家委员会按照国际化程序，面向全球招聘顶尖人才作为实验室主任，每一个主任都拥有研究自主权。

（三）以先行先试的改革品格推动民营科技企业提升发展水平

习近平总书记指出："非公有制经济在我国经济社会发展中的地位和作用没有变，我们毫不动摇鼓励、支持、引导非公有制经济发展的方针政策没有变，我们致力于为非公有制经济发展营造良好环境和提供更多机会的方针政策没有变。"①习近平总书记多次重申"两个毫不动摇",指出任何否定、弱化民营经济的言论和做法都是错误的,都不要听、不要信。在民营企业座谈会上,习近平总书记亲切地称呼民营企业和民营企业家是我们自己人,并明确指出:"我国民营经济已经成为推动我国发展不可或缺的力量,成为创业就业的主要领域、技术创新的重要主体、国家税收的重要来源,为我国社会主义市场经济发展、政府职能转变、农村富余劳动力转移、国际市场开拓等发挥了重要作用。"②

民营科技企业在中关村占有重要的地位。中关村诞生了我国第一家民营科技企业、第一家有限合伙制创投机构。中关村从当初"电子一条街"发展成为国家自主创新示范区,民营企业在其中发挥了重要的和不可或缺的作用。中关村始终肩负国家科技体制改革"试验田"的使命,充分发挥民营科技企业探索者、试验者、改革者的作用,坚持先行先试,走出了一条政府科技政策引导与市场机制发挥作用相互配合、国有重点科技企业与民营科技企业协调发展的新路子。中关村40多年波澜壮阔的实践充分印证了习近平总书记所强调的民营企业不可或缺,充分证明了民营科技企业是我国技术创新的重要主体。

新时代,要进一步发挥民营科技企业的重要作用。一是要继续完善民营科技企业充满活力的民营机制,即独立自主、自主经营的决策机制,以市场为导向、产学研互动的技术创新机制,竞争性的激励和用人机制等。二是要发挥民营科技企业支撑科技园区建设的主力军作用。在我国各地高新科技园区、工业园区中,民营企业入驻比例最大,成为园区建设的主体。在政府认定的高新技术企业中,北京、上海、江苏等地的民营科技企业数量占比已超过了80%,广州、深圳和浙江等地的民营科技企业占比已达到了90%。包括中关村在内的全国145个国家级高新区中,民营科技企业的数量占到了90%。三是要推

---

① 习近平总书记2016年3月4日在全国政协十二届四次会议民建、工商联界委员联组讨论会上的讲话。
② 习近平总书记2018年11月1日在民营企业座谈会上的讲话。

动民营科技企业创新活力和能级不断提高。推动民营科技企业把原始创新和自主创新能力的提升作为发展的主动力，多角度、多领域、全过程地参与科技创新，加大基础研究投入，提升民营企业的核心竞争力。

三、鼓励创新包容失败的科学态度

先行先试的改革品格，必然包含对改革和创新要采取允许失败、宽容失败的科学态度。习近平总书记指出："要把干部在推进改革中因缺乏经验、先行先试出现的失误和错误，同明知故犯的违纪违法行为区分开来；把上级尚无明确限制的探索性试验中的失误和错误，同上级明令禁止后依然我行我素的违纪违法行为区分开来；把为推动发展的无意过失，同为谋取私利的违纪违法行为区分开来。"这"三个区分开来"的重要论断，科学地诠释了先行先试改革精神的含义，提出了允许改革有失误、但不允许不改革的鲜明导向，对激励广大干部、科技工作者担当新使命、展现新作为、弘扬实干之风具有重要的指导意义。

（一）先行先试的改革品格本质上是求真务实的科学精神

先行先试的过程就是对未知世界的探索过程，本质上就是求真务实的科学精神。无论是科学研究和探索，还是改革创新谋发展，都是在一步一步地试验中开辟前进的道路，都需要艰苦卓绝的科学探索精神，需要不怕失败、在挫折中奋进的勇气和精神。中关村40余年的辉煌发展，本身就是一个不断先行先试的实践过程。

1988年12月6日，24岁的王文京和苏启强借来5万元，在海淀南路上办了一家叫"用友软件服务社"的小公司。9平方米的房间，一台电脑，两个员工。两人一起来到位于中关村的北京海淀区工商局办理营业执照。在企业登记处，办事员问："你想注册成国有性质的还是集体性质的？"王文京说："我们想办自己的企业。"办事员说："那你们走错门了。"二人一转身，走进了旁边的个体科。两小时之后，他们领到一本个体工商户的营业执照。中关村地区最早的"私营高新技术企业"就这样诞生了①。40年后，用友软件股份有限公司董事长、创始人王文京回忆说："我觉得改革开放40年，中关村走出了一条道路，就是用一种新的机制，民营和民办的机制来发展科技产业这样一条新路子。"

（二）先行先试的改革品格实质上是敢于冒险的挑战精神

先行先试，意味着创业者要冒着失败的风险。因此，先行先试的改革品格实质上就是敢于冒险的挑战精神。这种敢于冒险的精神在中关村早期一代创业者身上体现得极为突出。在纪念中关村改革开放40周年的时刻，北京民营科技实业家协会会长纪世瀛回忆说："我自己也反复想了，万一开公司不成，就回昌平倒卖大葱去。当时昌平和中关村的大葱，有一点差价，倒一车，也能养活自己了。"北京等离子体学会先进技术发展服务部学术骨干崔文栋也回忆说："当时出来，我们是冒很大风险的。出来首先就没有铁饭碗了，没人给发工资了，要靠自己。这是一个很大的问题，下这个决心很不容易的。但是我们当时下了，因为陈春先这条路是对的，所以就跟他走。"②

（三）先行先试的改革品格体现宽容失败的改革精神

在中关村创新文化主要特质中，令人印象深刻的就是中关村人宽容失败的精神和文化。相关研究也证明，"'鼓励冒险、宽容失败'这一文化特征与创新绩效之间存在正向且统计上显著的相关关系"，即"企业越能'鼓励冒险、宽容失败'，企业的创新绩效越好"③。科学探索和创新发展从来不是一帆风顺的，中关村人对失败采取的是包容、宽容和实事求是的科学态度。人们对事物的评价标准是不以一时

---

① 引自三多堂传媒公司：七集大型纪录片《中关村》。
② 引自三多堂传媒公司：七集大型纪录片《中关村》。
③ 刘锦英.创新文化特征与企业创新绩效的实证研究——基于我国光电子产业的分析［J］.科技进步与对策，2010（7）.

胜败论英雄，正是这种坦然面对失败、宽容失败的态度和文化氛围，才使得中关村成为创新创业的沃土。在中关村40余年的历史中，我们看到了无数企业兴衰历史，也看到了个人命运的转折沉浮。今天，我们重温中关村早期创业者的创业精神，越发感到陈春先改革的行动具有典型的文化意义。陈春先改革的划时代意义并不是他建立了一个伟大的企业，而在于他为全社会树立了先行先试、不怕失败、敢冒风险的精神风范，他"下海"创业石破天惊的壮举推动了一个时代的变革。就陈春先个人而言，他的创业经历并不算是很成功。20世纪80年代后期，他创办的华夏新技术研究所，因陷入一场官司纠纷很快倒闭。2004年8月9日，陈春先逝世，享年70岁。根据他的遗愿，他的眼角膜捐献给了他人，实现了这位立志"把光明留给后人"的科学家最后的心愿。他创业的"失败"经历不为人们所记忆，但他敢为人先、先行先试的精神却永远为后人所敬仰。

中关村40余年的辉煌历史鲜明昭示，先行先试的改革品格是中关村创新文化的主要特质之一。先行先试的改革品格，造就了中关村的辉煌成就，奠定了中关村在科技创新中的领先地位，锻造了中关村的文化品格。展望未来，先行先试的改革精神将一路伴随我国改革开放和创新征程，并推动我国改革创新走向新的发展阶段。

第五节　海纳百川的开放气概

"海纳百川，有容乃大。"中关村地处"海纳百川、淀积千里"的海淀区核心地带。中关村40多年的发展进程，本身就是一个各种资源兼收并蓄、多元文化包容并存的过程。海纳百川的开放气概是中关村创新文化特质在形成机制方面的重要表现。海纳百川是一种包容万物的气度，没有包容的气度就没有人才的聚集和资本资源的汇集；海纳百川是一种面向世界、胸怀大局的眼光，没有开阔的胸襟就跟不上时代的潮流；海纳百川是一种求同存异、文明互鉴的态度，没有博采众长的思维就不能更好地利用国际国内两种资源、两个市场；海纳百川是一种合作共赢的理念，没有这种合作共赢的理念就不能建成高水平的开放型经济。概括起来，海纳百川的开放气概就是开放包容、面向世界、文明互鉴、合作共赢。习近平总书记指出："人类的历史就是在开放中发展的。任何一个民族的发展都不能只靠本民族的力量。只有处于开放交流之中，经常与外界保持经济文化的吐纳关系，才能得到发展，这是历史的规律。""对待不同文明，我们需要比天空更宽阔的胸怀。我们应该推动不同文明相互尊重、和谐共处。"40多年来，中关村秉持海纳百川的开放气概，发展成为创新资源高度集聚、创新成果丰硕、辐射带动力强劲的全国创新高地，成为代表中国参与全球科技竞争的前沿阵地，成为可以比肩硅谷、全球瞩目的现代高科技园区。

一、凝聚全球创新资源的发展理念

中关村从建立一开始就确立面向世界、参与国际竞争与合作的发展思路。从海淀区的一个村、一条街，到一区十六园，到全国各地数十家分园和国外26个合作园区。中关村以海纳百川的开放气概，集聚全球创新资源，一步一步成长壮大。

(一)海纳百川的开放气概展现了中关村文化强大的凝聚力

中关村敞开胸怀，拥抱世界。强大的凝聚力是中关村文化的具体表现。经济全球化和国家民族本位是当今世界并存的两种发展趋势，文化以世界性和民族性两种倾向作用于这两种趋势之中，中关村文化无论从世界性还是民族性方面都具有极大的吸引力。具体来说，中关村的知识积淀、科技转化以及产品开发已经有了相当好的基础，无论从知识层面还是技术层面上，中关村文化已经可以与世界先进的地区进行对话。对话者的素质、谈论的内容、谈话的机制以及谈话的氛围，都已与世界接轨，所以已经形成了具有世界性的文化[1]。

中关村兼收并蓄，引进消化吸收再创新，使中关村成为消化吸收国际最新技术的桥头堡。国际上只要一出现新技术，中关村就有跟进和模仿学习的企业。快速捕捉新知识和积极学习的能力，使得中关村具有很强的资源聚集能力。中关村强大的文化凝聚力，使得中关村成为全球创业热土，大批外国企业家、外国留学生云集中关村。近年来，中关村以提升国际人才竞争力和原始创新竞争力为核心，深化人才发展体制机制改革，加快推动中关村"国际人才港"的建设，以全球视野和国际标准引进、培育和使用国际一流人才。截至2016年年底，示范区共计延揽和吸引海外人才近4万人。中关村中央"千人计划"累计1188人，占北京80%，占全国20%；北京市"海聚工程"累计590人，占全市65.6%。同时，集聚了一批拥有全球顶尖技术的创业人才，成为中关村抢占全球前沿技术创新制高点的重要支撑[2]。

(二)海纳百川的开放气概推动中关村成为聚集全球创新资源的高地

中关村40年来的角色和它的作用，与它在近百年来，在中国近

---

[1] 公茂虹.论中关村文化(下)[J].中外企业文化，2001(3).
[2] 《中关村迈向国际化4.0时代》，搜狐网，https://www.sohu.com/a/190665306_355034.

代史上的地位是一脉相承的。从庚子赔款、清华学堂，到后来燕京大学，中关村地区一直是中西方文化荟萃的地方。中关村是中国文化、科技的高地，是中国高新技术产业的高地，是知识经济的高地。正是这种高地属性，中关村能八面来风，拥有国际的视野和历史的胸怀，得风气之先。事实上，处在国际化桥头堡的中关村，在高新技术产业发展起来以后，一直在与国际同步发展，并推动中国科技与经济走向新的国际地位。如今，中关村跨国企业总部和研发机构超过了300家，留学归国人才突破了3万人，其中外籍从业人员有1万人。在中关村，高新企业数量占全国的10%，上市公司306家，独角兽企业65家，占全国的50%。2016年，上市公司总收入超过3万亿元，中关村企业在北京以外设立分支机构12000家，硅谷、伦敦、海德堡等许多地方都有中关村分支机构。

（三）海纳百川的开放气概彰显中关村深化改革、扩大开放的胸襟

海纳百川的开放气概源自于改革开放政策的哺育及改革开放的大环境。改革，推动了中关村的发展。40余年来，中关村在管理体制改革、科技体制改革、企业服务创新等方面，实现了首创性的突破。如果说创新创业是中关村永恒的主题，那么改革就是筚路蓝缕的"第一推力"、披荆斩棘的动力源泉。开放，成就了中关村发展的外部环境。如果没有改革开放，没有一批批打开视野看世界的先行者，就没有中国在新科技革命浪潮中的乘势转身，也没有中关村的辉煌。创新，是中关村的动力源泉。40余年来创新文化的积淀，成就了中关村强大的资源吸附力，高成长企业集聚、创客大军荟萃、各种要素碰撞、创新孵化机构勃兴。位于中关村创业大街上的车库咖啡、3W咖啡等新型创业服务机构，不仅让年轻创业者享受到低廉的办公、快捷的审批服务和专业化的咨询培训等，更重要的是它已经发展成为涵盖交流、基金和人才招聘等综合服务的创业平台，成为吸引中外创业英才的磁场。这种海纳百川、兼收并蓄、包容发展的创业文化，塑造了中关村文化独特的品质，彰显了中关村创新文化的开放气概。

二、辐射带动区域发展的责任担当

在40余年的创新发展进程中，中关村紧扣国家战略需求，坚持辐射带动，积极推动区域协调发展，日益成为中国统筹区域协调发展的重要枢纽，彰显了中关村辐射和带动区域协调发展的担当精神。

（一）在国家区域协调发展战略中体现更大的担当精神

中关村将破解发展不平衡不充分问题作为自己的责任与使命。经济发展进入新常态，发展的不平衡不充分体现在区域发展上就是区域发展不协调、不平衡，这已经成为满足人民日益增长的美好生活需要的重要制约因素。中关村作为国家创新示范区，作为技术创新的重要源头，致力于发挥自身在国家区域协调发展战略中的辐射带动作用。全国各地的中关村分支机构，不仅给当地带来技术、模式的复制和辐射，还推动了制度的创新，体现了中关村在区域协调发展中的责任担当。

（二）在技术辐射京津冀和服务全国发挥带动作用

中关村以技术辐射京津冀和全国。中关村坚持推进区域协调发展，坚持辐射带动，促进要素跨区域流动，中关村企业跨区域布局，开展技术研发合作，采用多种模式、多种方式带动区域协调发展。为落实京津冀协同发展战略，大力推进建设雄安新区，中关村企业在津冀设立数千家分支机构，初步形成了京津冀协同创新园区链和产业链。京津冀三地核心资源的共享力度不断加大，融合发展程度不断提升，三地联合创新成果"井喷式"增长，北京始终发挥核心引领作用。2017年，三地企业联合专利授权量为5691件，是2011年的11倍。从技术市场来看，2014年至2018年，北京向津冀输出的技术合同成交额由83.2亿元增加至227.4亿元，年均增长28.6%。同时，北京向津冀输出技术合同成交额的所占比重也逐年提高。在电子信息、先进制造技术、新能源与高效节能技术等领域，中关村对三地协同创新的辐射带动作用日益凸显。在创新领域，中关村成为三地协同创新的重要载体和关键平台。

（三）在区域合作发展中承担更大的责任

中关村设立京外分园，推动区域合作发展。中关村与天津宝坻、滨海新区及河北保定、正定、张家口、廊坊等地进行了不同程度的接洽工作，保定·中关村创新中心、石家庄（正定）中关村集成电路产业基地、天津—滨海中关村科技园，以及中关村与长春、上海、江苏、武汉、成都、南宁等地26个合作园区相继设立。截至2018年5月，中关村企业在津冀设立分支机构达7000家。在电子信息、先进制造技术、新能源与高效节能技术等领域，实现了技术输出、政策输出、品牌输出，中关村推动了三地协同创新。2017年，中关村技术合同成交额3549亿元，占全国的26.4%。中关村创新发展的种子，正在全国各地播撒。

三、走向国际合作共赢的宽广胸怀

海纳百川的开放气概，使中关村人具备国际化的视野，具有瞄准世界一流的眼光和参与国际合作的精神，将推动中关村进一步融入世界、走向国际化。

（一）海纳百川的开放气概彰显中关村文化是开放式的文化

中关村文化是开放式的文化，它博采众长、兼容并蓄。中关村开放的文化首先表现在多种多样的交流与合作活动中。交流是形成思想共识的前提，思想上的共识是合作成功的基础。园区里各种各样的技术沙龙、产业论坛、学术研讨、企业家峰会、考察、访问、展览、洽谈、创业大奖赛等交流活动数不胜数，参加者来自各行各业、境内境外、五湖四海。园区里企业间的合作，企业与高校、院所的合作，企业与银行金融界的合作，政府与企业、高校院所、银行的合作，境内机构与境外机构间的合作此起彼伏、延绵不断。人们在交流与合作中思想碰撞、观念交锋，在碰撞与交锋中相互学习，创新的思想与方法、成功的经验与教训就此传播开来。

中关村开放的文化还表现在对多种思想观点的兼容并包。自20世纪80年代中关村电子一条街出现以来，社会各界对中关村发展的评价褒贬不一，批评的声音始终存在。如20世纪80年代的"倒爷一条街"，21世纪的"中关村失落"等。对此，政府采取的基本态度是不回避思想观点交锋，但最终"让事实说话"。由此，形成了一种平等、自由、民主的思想文化氛围，促进了园区各界的和谐发展。

（二）海纳百川的开放气概推动中关村企业参与全球竞争与合作

党的十八大以来，中关村企业国际化步伐进一步加快，更加积极主动地配置国际资源，参与国际竞争合作，瞄准国际前沿谋划布局。中关村示范区与全球的创新链接、资本链接、产业链接日益加深，在全球创新网络中的关键枢纽作用日益凸显。中关村正从以产品国际化为主，迈向以品牌、技术、资本国际化为主的新阶段。正如中关村管委会主任翟立新所言："坚持'引进来'与'走出去'相结合，中关村聚集跨国公司区域总部和研发中心约300家，吸引落地了美国微软创投加速器、Plug&Play、以色列Trendline等一批世界知名创业服务机构。中关村企业在海外设立分支机构近千家，境外上市公司近百家，成了链接全球创新网络的重要节点。"中关村40多年的发展得益于改革开放，今后中关村更高质量的发展必须要更加深化改革开放，中关村走向全球、拥抱世界的脚步永不停止。

（三）海纳百川的开放气概推动中关村进一步融入全球创新网络

中关村作为中国科技创新的代表性区域，作为北京建设科技创新中心的主要载体，必须要紧紧抓住全球新一轮科技革命大势，适应中国产业转型、消费升级需求，释放科教人才资源巨大潜力，以更加开放的胸怀参与国际创新合作，以更大力度的改革优化创新创业生态，以更高水平的创新促进高质量发展，在更高水平上推进对外开放。一是要支持企业开展海外布局。鼓励行业领军企业在发达国家和地区建立研发、营销、品牌策划等分支机构，在发展中国家和地区建立生产基地，形成研发、生产、销售的全球布局和运营体系。支持以企业联盟、产业联盟和行业联盟的形式"走出去"开拓国际市场，参与国际竞争合作。二是要支持企业开展国际贸易。支持企业积极承接国际工程项目，出口高技术产品和服务，扩大国际市场份额。建设一批国际研发转移交付平台，鼓励面向全球市场的软件服务外包、生物技术研发外包等先进服务贸易。完善支持企业"走出去"信用保险服务，加强与中国出口信用保险公司等合作，加强对企业技术输出支持服务，构建并完善国际贸易信贷支持体系。三是要支持企业开展境外投资和跨境并购。加强支持企业境外并购的综合金融服务，为企业提供并购咨询、培训和辅导。建立企业境外并购项目信息数据库。鼓励商业银行为企业提供境外并购贷款。开展企业境外投资和并购管理政策创新试点，简化企业境外并购核准程序。支持中关村发展集团与社会机构合作，在境外发起设立中关村企业境外投资和并购引导资金，为企业境外投资和并购提供资金支持。四是要支持企业积极参与"一带一路"建设。支持企业面向"一带一路"开展国际贸易，布局生产基地和贸易基地，争取合作建设保税区、保税仓库，建立与海关的沟通渠道和便利化通关机制。加强与相关国家和地区的研发合作，加大成熟技术的转移转化与产业化力度。支持企业与相关国家和地区共建科技园区、产业基地，形成一批新型孵化器。支持以企业为主体，搭建资源平台、项目平台、信息平台和服务平台，在沿线国家和地区与企业间建设贸易合作桥梁，实现贸易需求与供给的有效对接。

当前，全球科技创新进入空前活跃时期，新技术、新模式、新业态大量涌现，创新活动的网络化、全球化特征更加突出。新时代，我们要以海纳百川的开放气概，继续推动中关村企业积极主动参与国际分工与合作，全面提升我国在全球创新格局中的位势，在竞争中合作，在开放中共赢。

第四章

中关村创新文化的时代价值

从哲学角度看，价值属于关系范畴，是指客体能够满足主体需要的效益关系，体现了客体的属性和功能在多大程度上满足了主体的需要。文化是时代的产物，是经济和政治的反映，一定形态的文化对一定形态的经济政治有反作用。按照马克思的观点，"理论在一个国家实现的程度，总是决定于理论满足这个国家的需要的程度"。理论如此，文化同样如此。文化的价值如何，主要看其对经济政治形成什么样的反作用，看其在多大程度上能够满足时代需要。创新文化是中关村的灵魂，也是中国特色社会主义文化的重要内容，其时代价值至少可以体现在四个层面。第一，中关村创新文化在中关村创新发展的过程中发挥了重要作用。敢为人先的探索精神、知识报国的家国情怀和百折不挠的奋斗精神持续激发科研人员和企业家的创新活力，为推动我国经济转向高质量发展奠定了基础。第二，中关村创新文化满足中国创新发展的时代需要。先行先试的改革"试验田"为我国科技管理体制改革提供了实践经验，协同共赢等共享发展理念不仅带动了北京及其周边地区的协同发展和产业优化升级，还对全国经济社会持续发展提供了必要动力。第三，中关村创新文化符合新时代开放创新的发展需要。新时代实现高质量发展必须在更加开放的环境下积极主动参与国际竞争，广纳创新资源，在更高的起点上推进自主创新。海纳百川的胸怀和合作共赢的伙伴精神推动中关村积极参与国际竞争与合作，融入全球创新网络，打造全球创新格局。第四，中关村创新文化是对中华优秀传统文化的传承和发展。在继承和发展中国传统文化中的创新意识、创新精神和创新方法的基础上，中关村开创了中国独特的科技创新之路，为其他国家的创新发展提供了中国方案和中国智慧，彰显了中国特色社会主义制度自信，坚定了中国特色社会主义文化自信。

第一节　坚定文化自信　讲好"中国创新故事"

　　文化是民族生存和发展的重要力量，在人类文明产生和发展过程中具有决定性作用和本质意义。坚定中国特色社会主义道路自信、理论自信、制度自信，归根结底是要坚定文化自信。文化自信是更基础、更广泛、更深厚的自信。中华传统文化是坚持和发展中国特色社会主义的文化之根与精神之源。坚定文化自信，一要传承中华优秀传统文化，二要发展和创新中华优秀传统文化。中关村创新文化源自于中华优秀传统文化，植根于中国特色社会主义伟大实践，形成于中关村创新发展的探索过程。虽然在精神文化和制度文化方面中关村创新文化都吸收并融合了许多外来文化元素，但其精神之源和核心特质主要源自于中华优秀传统文化，是对中华优秀传统文化的发展和创新。因此，中关村创新文化是中国特色社会主义文化的重要内容。在中关村创新文化的指引下，中关村形成了一个又一个中国创新故事，开创了中国独特的科技创新之路，为创新发展提供了中国方案和中国智慧，彰显中国特色社会主义制度自信，坚定了中国特色社会主义文化自信。

一、中关村创新文化是对中华优秀传统文化的传承与发展

　　中关村的创新文化不是西方外来文化的再版，而是在继承和发展中华传统文化基础上对西方外来文化的有机融合，是对中华传统文化的扬弃。虽然中华传统文化存在着一些保守、守旧等不利于创新活动的成分，但也有许多体现着崇尚创新、激励创新和保障创新的人文精神。首先，中华民族的许多传统美德都是创新文化的形成基础。比如，自强不息和百折不挠体现了中华民族朝气蓬勃、奋发向上的顽强生命力和不懈追求的开拓进取精神，厚德载物展现了中华民族兼容并蓄、胸襟开阔、宽宏大度的包容精神。其次，中华传

统文化中存在着一种与时俱进、应时达变的辩证精神和生生不已、和而不同的发展观念，具有革除弊端、变法图强的创新思想。比如，"不期修古，不法常可"，《易传》中的"日新之谓盛德"和"穷则变，变则通，通则久"，《尚书》中的"苟日新，日日新，又日新"，《文心雕龙》中的"变则可久，通则不乏"，以及"不必法古""反古者不可非""世异则事异，事异则备变"等制度创新的变法思想，等等。最后，中华民族历来有团结友爱、诚信和谐的优良传统，以及"和为贵""众人拾柴火焰高"等创新协作精神，这些都是创新文化形成的深厚土壤。

中关村的创新文化也融合了许多西方文化元素，但其更多地体现在制度设计层面。通过持续的制度创新，那些制约创新活动的制度束缚得以打破，中华传统文化中的创新元素得以充分体现，各类主体的创新活力得以充分释放。比如，股权激励政策激发了科研人员的创新活力，产权制度改革激发了企业的创新活力，科技成果"三权"改革激发了高校科研院所的创新活力，知识产权保护制度保障了创新成果的应有收益。

不可否认，对西方文化的借鉴和融合为中关村创新文化的形成和发展提供了制度性保障，但中华优秀传统文化是其核心精神文化的重要基础。制度层面的保障和精神层面的文化基础就如同外因和内因，二者共同推动了中关村创新文化的形成。制度保障是外因，需要在中华传统文化的基础上发挥作用，是中关村创新文化的形成条件。中华优秀传统文化是内因，是中关村创新文化的根本和基础，是其不同于其他国家文化的关键所在。离开了中华优秀传统文化这个基因，再好的外部条件也无法形成当前的中关村创新文化。从制度变迁的角度看，借鉴融合外来文化并形成相应的正式制度是强制型制度变迁的过程。当这些正式制度与本土文化等非正式制度相匹配时，二者会相互强化，经济行为主体的偏好得到更好的保障和激励，可以极大地促进经济绩效。相反，当正式制度与非正式制度存在对立或冲突时，二者的激励作用将相互抵消，经济行为主体会因对立的规则感到无所适从，经济绩效也将受到严重影响，甚至会影响社会稳定。因此，中关村创新文化对西方文化的借鉴必须使其与我国优秀传统文化相匹配，必须以中华优秀传统文化为根基，实现传承与发展。

二、开创中国独特的科技创新之路

中关村创新文化源自于中华优秀传统文化，植根于中国特色社会主义伟大实践，形成于中关村创新发展的探索过程。在中关村创新文化的指引下，中关村从推动科技创新面向经济社会主战场，到探索顶层设计与基层首创相结合，再到培育园区微环境并辐射带动全国发展，逐步走出了符合我国国情的科技创新之路，为创新发展提供了中国方案和中国智慧，提升了中华文化的影响力，坚定了中国特色社会主义文化自信。

改革开放初期，我国的科技创新和经济生产长期脱节。为了实现科技创新和经济生产之间的良性互动，中关村一直将推动科技创新面向经济社会主战场，促进二者紧密结合作为其创新发展的核心任务。一方面，中关村积极开展改革试点，率先制定创新政策，形成了较为完善的促进成果转化和创新政策体系，打通了从科学研究，到技术开发，再到市场应用的创新链，并围绕创新链部署产业链、资金链、政策链。另一方面，中关村不断探索科技企业运营机制，如民办官助型、官有民办型和全民科技企业等。民办官助型主要由离职、辞职的科技人员自由组合，或者由高校教师自己组织，并由区政府在税收、信贷等方面给予支持，主要代表有京海、四通和海华等。官有民办型主要是由国家科研机构与海淀区单位共同投资或借资联办，由科技人员管理经营，主要代表有科海和信通等。全民科技企业主要由国家科研单位或高校独立兴办，由科技人员经营管理，主要代表有三环、希望和联想集团前身等多家中科院系统公司。

中关村的创新发展既离不开基层敢为人先的首创精神，更离不开中央的坚定支持和政策的不断保障。改革开放初期，许多基层科研人员在敢为人先精神的影响下积极探索创新发展之路，不断冲破体制机制束缚，摸索出一套民办科技企业的基本原则和新的管理模式，初步打破了传统科技管理体制。当时，这种与计划经济体制和传统观念格格不入的做法引发了激烈的社会争论，中关村因此面临着巨大压力。在此关键时刻，中央联合调研组对其进行了深入调研，形成了《"中关村电子一条街"调查报告》，肯定了中关村在科技与经济相结合方面的积极探索。随后，国务院于1998年批准设立了北京市新技术产业开发试验区。顶层设计的有力支持和指引为基层"摸着石头过河"的探索指明了方向，基层的积极探索为顶层设计提供了实践检验和重要依据。在敢为人先和开放包容等创新文化的指引下，中关村这种顶层设计与基层首创相结合科技创新发展道路逐步形成，并不断强化完善。

我国经济体制脱胎于计划经济，为推动新经济发展，中关村尝试在园区微观环境内探索体制机制改革，为我国经济转型积累经验。一方面，中关村科技园区为我国向知识经济转型提供了突破口。中关村科技园紧紧围绕区域经济发展，科学、技术、文化、商业、政府、社会紧密联系起来，推动技术创新和转移，在政府、商业、各种机构、大学之间建立紧密联系，从而推动研究开发成果尽快进入市场，形成满足需求的新产业供给。另一方面，中关村在园区微环境的探索经验已辐射带动全国的科技创新发展。中关村在科技创新、科技体制改革、科技成果转化和经济效益等方面取得的成就为其他地区乃至全国都起到了重要的带动和示范作用。

三、彰显中国特色社会主义制度自信

中关村的创新文化形成于中关村创新发展的具体过程，也影响着中关村的创新发展。40多年的创新发展，使中关村成为我国科技体制改革的先行者，国家原始创新的策源地，战略新兴产业的引领者，带动区域协调发展的辐射源和全球创新网络的重要枢纽。中关村在国家科技经济发展中的作用越发突出，已经成为我国创新发展的一面旗帜。中关村的创造性实践经验丰富了中国特色社会主义理论，中关村取得的成绩也充分彰显出中国特色社会主义制度优越性。

中关村围绕科技成果转化、所有制改革、政府与市场关系等方面的积极探索，在科技与经济相结合、多种所有制经济并存的社会主义经济制度建设等方面思想理论成果不断丰富中国特色社会主义理论体系。比如，作为改革开放的先行者，中关村始终坚持以中国化的马克思主义科技观为指导，不断探索将科技转化为生产力的新体制、新方法，释放出科技蕴含的巨大生产力，极大地提高了社会生产力，用实践证明社会主义同样可以释放和发展生产力。再如，在社会主义经济制度建设上，中关村率先培育出一批具有代表性的民营科技企业，带动了我国高新技术产业发展，证明了民营经济在社会主义制度下也可以发展，丰富了社会主义经济制度理论。

中关村所取得的巨大成就与中国特色社会主义制度的优越性密不可分。通过中关村发展的实践证明，在以市场为主导的前提下，有机结合政府的引导和推动功能，能有效聚集人力、财力、物力，为重大科技创新增添强劲动力。中关村通过参与国家重大科技项目，在重大创新领域组建国家实验室，提出并牵头组织国际大科学计划和大科学工程等方式，在原始创新的关键性领域取得了世界领先的成果，从而充分发挥市场经济条件下的政府推动的优势，成为全球颇具影响力的科技创新中心。中关村还是社会主义市场经济建设过程中的急先锋。近年来，中关村持续推动"放管服"改革，打造"小政府、大社会"的全新局面，诞生了每秒超千万亿次运算速度的超级计算机等一大批重大创新成果，掌握了一批满足国家战略需求的关键核心技术，开发出了一大批满足市场需求的紧缺技术和产品，走出了新型政府与市场关系下具有中国特色的自主创新道路。

第二节　激发创新活力　推动高质量发展

进入新时代，我国经济已由高速增长阶段转向高质量发展阶段。实现高质量发展必须依靠创新驱动。创新是中关村的天然基因，创新文化是中关村的灵魂。中关村的精神文化处处体现着创新这一核心价值。中关村的制度文化围绕着精神文化逐步完善，持续激发着中关村的创新活力。敢为人先的探索精神和勇立潮头的技术追求，激励着中关村人积极主动地引领世界科技革命和产业革命的浪潮，培育新兴产业，优化产业结构，构建高精尖结构，引领中国高科技产业发展。知识报国和产业报国的家国情怀激励着中关村人积极响应国家战略需求，不断地提升科技创新能力，完成一个又一个国家战略任务。百折不挠的奋斗精神激励着中关村人在基础研究和关键技术领域持续投入和不断突破。在创新文化的引领下，中关村的科技创新为我国经济社会逐步转向高质量发展提供了重要动力。

一、敢为人先勇立科技革命和产业变革潮头

人类社会至今已经发生了三次科技革命和产业变革，目前正经历新一轮科技革命和产业变革。每一次科技革命和产业变革都会给世界各国的经济社会发展带来巨大变化。能否抓住科技革命和产业变革浪潮是决定科技创新能力和经济社会发展水平的关键。改革开放以来，中关村以敢为人先的探索精神和勇立潮头的技术追求主动作为，紧跟不同时代的科技浪潮，带动我国经济社会持续快速发展。

20世纪80年代，来自科研机构和高等院校的科研工作者率先打破了体制机制的束缚，抓住了电子计算机技术发展的浪潮，围绕电子信息领域创新创业，将技术产业化，催生了联想、方正等一批国际知名的领军企业。20世纪90年代末，留学归国的创业人员加入中关村创新创业队伍之中。他们紧追全球互联网科技革命的步伐，把在国外学到的新科技带入国内。新浪、搜狐、百度等互联网企业推动我

国站在互联网科技革命的前列发挥着巨大作用。21世纪初，国际资本开始进入中关村。在风险投资的驱动下，中关村人把握住了互联网从PC端到移动端转变的契机，大力推动新经济发展，培育出电子商务企业京东、生态链企业小米和网络订餐企业美团等一批全国知名企业。近年来，以5G移动通信网络、人工智能、生物医药和新材料为代表的新一轮科技革命和产业变革正在孕育。中关村企业在这些领域持续投入，不少行业已经处于全球领先地位。其中，大唐电信已经形成了完整的5G系统方案。百度、京东等企业的云端人工智能技术入选《麻省理工科技评论》发布的2018年全球十大突破性技术。百度的实时语音翻译更是连续三年入榜。

面对每一次科技革命和产业变革，北京市政府一方面积极支持并培育新兴产业，另一方面还不断地推进产业结构升级，探索构建高精尖产业结构的路径。在新技术产业开发试验区阶段，北京市政府通过各种激励政策支持科研人员和留学海归人员的创新创业，抓住第三次科技革命，支持培育中关村电子信息产业的发展。进入21世纪，在北京市政府的推动和支持下，中关村开始从单纯电子信息产业向多种高精尖结构过渡。2013年，北京市和海淀区聚焦培育战略性新兴产业细分领域，推动产业结构优化升级。中关村核心区海淀园编制形成"6+1"产业技术路线图及三年行动计划，重点发展的七大战略性新兴产业，包括移动互联网与下一代互联网、北斗及空间信息、云计算、集成电路、生物工程和新医药、新材料新能源和节能环保、文化和科技融合。2017年12月，北京市政府印发加快科技创新构建高精尖经济结构系列文件，选取新一代信息技术、集成电路、医药健康、智能装备、节能环保、新能源智能汽车、新材料、人工智能、软件和信息服务以及科技服务业10个产业作为重点高精尖产业，分别编制指导意见。2018年，以电子信息、生物医药等为代表的六大重点技术领域实现总收入4.7万亿元，比2017年增长12.0%，占中关村示范区总收入近80%。多年来，中关村不断围绕产业链部署创新链，围绕创新链部署资金链，充分发挥各级政府财政资金、政府引导基金、政府投资平台等的引导、带动和放大作用，撬动社会投资，支持高精尖产业建设。在政府和企业共同努力下，中关村一直勇立科技革命和产业变革的潮头，抓住不同时代的科技浪潮，尤其是新一轮科技革命和产业变革，目前已成为我国规模最大、综合竞争力最强的高技术产业基地。

二、秉承家国情怀服务国家重大战略

推动经济社会发展离不开国家重大战略的落实。中关村人始终秉承知识报国和产业报国的家国情怀，在不同历史时期都能够积极响应国家战略需求，完成一个又一个国家战略任务，解决国家发展面临的重大问题，提升科技创新能力，提高我国的科技竞争力，推动我国经济社会高质量发展。

20世纪80年代初，以信息技术为代表的第三次科技革命席卷全球。当时的电子计算机还不能输入和输出中文汉字，甚至有外国科学家断言"如果中国不放弃方块文字，将无法进入信息时代"。中国人再次被推到了十字路口。是为了汉字而放弃计算机？还是为了计算机而放弃汉字？面临民族文化能否在信息化时代继续传承的关头，以倪光南、王缉志和王选为带头人的中关村科学家自力更生，开发了汉字信息处理系统、汉字输入法、汉字打字机和汉字激光照排系统。这些自主创新成果搭建了中国在信息时代追赶世界的技术平台与产品平台，带领中国进入了信息化时代。

20世纪90年代，中关村的科技创新又在国家重大工程的建设中提供了强有力的技术支持。比如三峡工程中，由国家电网公司、中国电力科学研究院等单位完成的"三峡输电系统工程"项目，担负着三峡电力送出的重任，以及推进全国联网和扩大能源资源优化配置的使命。"三峡输电系统工程"建设规模巨大，周边地理气象环境复杂，沿线约有60%的山地，跨越长江、汉江等大型通航河流164次，跨越高速公路、铁路等骨干交通线路和高等级电力、通信线路500余次。"三峡输电系统工程"供电区域GDP和人口接近甚至超过全国的一半，

开创了世界上输变电容量最大、系统最复杂、覆盖地域最广、受益人口最多、建设周期最长的特大型水电外送系统工程。

21世纪初，在关系到国家和民族命运的若干重要历史时刻，中关村企业通过专利成果力挽狂澜，完成了国家战略、解除了民族的健康安全危机。在2003年的"非典"疫情中，中华民族面临生与死的考验。在尹卫东的带领下，北京科兴生物制品有限公司按时完成了"非典"灭活疫苗的研制任务，从根源上消灭了"非典"病毒大规模复发的可能。"非典"灭活疫苗之后，中国第一支甲乙肝联合疫苗、与全球同步的人禽流行性感冒疫苗、唯一不含防腐剂的国产流感裂解疫苗，以及全球第一支甲型H1N1流感疫苗相继问世。2008年，举办北京奥运会实现了中国人的百年梦想。在火炬传递期间，中关村科技助力奥运火炬珠峰登顶，向世界兑现了办一届"科技奥运"的承诺。

2012年，党的十八大召开后，我国实施创新驱动战略，中关村企业、科研机构继续沿着自主创新道路前进。2015年到2017年，中关村的企业和研究机构获得国家科学技术进步奖123项，占获奖项目总数的20.7%。在神舟飞船、嫦娥工程登月计划、北斗导航等航天事业中，中关村的企业和研究机构也都发挥了巨大作用。北斗导航是维护国家安全的重要保障，其核心技术必须自主可控。2015年，第17颗北斗卫星升空并顺利开机运行，这颗卫星首次使用了由中科院牵头制造的龙芯抗辐照芯片。这标志着中国卫星导航系统在自主可控的征程上迈出了关键性一步。2018年1月，中国空间技术研究院研制的高景一号03、04星成功发射，标志中国首个0.5米高分辨率商业遥感卫星星座建成。2020年6月23日，北斗三号全球卫星导航系统最后一颗组网卫星成功发射，不仅摆脱了对GPS的依赖，实现了导航的独立自主，还为我国人工智能以及无人驾驶等一些新兴产业的发展提供了必要的技术支持和保障。

三、百折不挠的奋斗精神推动关键核心技术不断突破

基础研究具有无可替代的前瞻性和引领性作用，是推动科技革命

和产业变革的必要基础。关键核心技术对产业的全球竞争力至关重要，在产业技术生态体系中居于核心地位，影响着一个时代相关领域科技创新整体走势。每一次科技革命和产业变革都离不开基础研究和关键核心技术的重大突破。牛顿经典力学和蒸汽机推动了第一次工业革命。电磁学、内燃机和发电机等推动了第二次工业革命。原子能、计算机、微电子技术、航天航空、分子生物和遗传工程等领域的重大突破带动了第三次工业革命。面对即将到来的第四次工业革命，中关村人一直积极主动布局基础研究和关键核心技术研发，以百折不挠、不畏失败的精神持续跟踪投入。

基础研究是探索事物基本原理，揭示客观事物的本质，发现新知识和新学说的研究活动。基础研究通常不以任何专门或特定的应用或使用为目的，有可能几年、十几年，甚至几十年没有关键性成果。但是，基础研究是应用研究和试验发展的基础。没有坚实的基础研究成果，不可能在应用研究和试验发展领域取得突破性进展。因此，基础研究必须不怕失败地长期持续投入。在基础研究的布局上，中关村以区域内的高校和研究院所为依托先后建设了石墨烯研究院、北京量子信息科学研究院以及北京脑科学和类脑研究中心等基础研究平台。同时，在全球范围内吸引顶尖科学家开展深度合作，邀请姚期智、薛其坤、张首晟、张翔等担任政府的科学顾问。中关村还同北京市自然基金、商汤科技等合作设立原始创新基金，重点支持了机器人、医学工程、能源材料、环保、计算机视觉和深度学习、未来无线通信等领域的基础研究。培育出"仿生电子皮肤""纳米金属电极""双光子显微镜"等一批具有世界领先水平的成果。除此之外，中关村通过各种措施在人才、资金、商事登记等方面给予创新型企业大力支持，推进其成为高校、院校之外的另一股基础研究力量。2017年，中关村还建立了前沿技术创新中心，加大了培育具有全球影响力的创新型企业的力度。近几年，中关村围绕人工智能、智能制造、颠覆性新材料、前沿生物等前沿领域，吸引了中科寒武纪、旷视科技、芯视界等一大批拥有全球领先的重大前沿技术企业，充分发挥了科技创新型产业协同发展的集聚优势。

关键核心技术是"十年磨一剑"的漫长过程，必须要有足够的定力、毅力和耐力。在面对社会质疑之时，各级政府仍旧毅然决然地对龙芯中科、京东方等科技企业持续跟踪投入。2001年到2010年，中央给龙芯中科提供了近5亿元研发经费，中关村管委会召开了26次协调会，引导地方资本进入龙芯。2015年，国内最大的社会资本鼎晖资本入股龙芯。2004年到2013年间，京东方一度长期亏损，企业经营发展受到广泛质疑。政府和国有银行坚定支持京东方的自主创新，通过向地方政府定向增发股票，同时由国家开发银行牵头提供贷款等方式，保障企业大规模研发资金的需求。在为这种不计短期回报的高研发投入的持续支撑下，龙芯中科和京东方最终实现了关键核心技术上的突破，拥有了高性能的国产通用芯片以及世界一流的显示屏技术，克服了我国电子工业"缺芯少屏"的困局。在带来深远的社会效益的同时，也为政府的投入带来了丰厚的经济回报，取得了理想的效果。

第三节　诠释共享理念　促进区域协同创新

党的十八届五中全会首次提出了"创新、协调、绿色、开放、共享"五大新理念。其中，共享体现了发展的价值取向，是发展的出发点和落脚点，中国特色社会主义的本质要求。共享发展要求发展成果由人民共享，使全体人民在共建共享发展中有更多获得感。中关村创新文化是中关村的灵魂，更是中国特色社会主义文化的重要内容。因此，中关村创新文化不仅推动了中关村的创新发展，也诠释了共享发展理念。在先行先试的改革品质和协同共赢等共享发展理念的引领下，中关村一直发挥着辐射带动作用，促进了北京及其周边地区的区域协同发展和协同创新。中关村的一系列先行先试政策打破体制机制的束缚，为我国科技管理体制改革提供了重要的实践检验和经验依据。中关村创新发展的一系列成果为其他地区的发展提供了大量专利和技术支持。中关村协同共赢的发展思路，带动了全国的创新发展活力。

一、先行先试的改革为我国科技管理体制改革提供重要依据

中关村的创新文化推动了中关村的创新发展，提升了其科技创新能力，同时也使其成为我国科技管理体制改革的试验田。从北京市新技术产业开发试验区，到中关村科技园区，再到中关村国家自主创新示范区，中关村一轮又一轮的试点政策为我国科技管理体制改革提供了大量的实践经验。

1998年，随着中央联合调研组对中关村的肯定，国务院批准设立了我国第一个高新技术产业开发试验区，即北京市新技术产业开发试验区。其中，"试验"二字表明国家赋予了中关村不同寻常的使命，希望其在深化改革和创新发展中进一步探索，先行先试，做科技与经济体制改革的"试验区"。同期批准的《北京市新技术产业

开发试验区暂行条例》给予中关村多项优惠政策。最核心内容是新创高科技企业的税收减征或免征政策。比如：新技术企业自开办之日起，3年内免征所得税；经北京市人民政府指定的部门批准，4～6年可按前项规定的税率，减半征收所得税。这项被简称为"三免三减半"的税收优惠政策后来被推广到其他高新区并一直被保留到2008年。

1999年，国务院印发《关于建设中关村科技园区有关问题的批复》，要求发挥中关村优势和特色，营造良好环境，加快科技成果产业化，创建有中国特色的科技园区，为全国高新技术产业的发展发挥示范作用。2001年，开始实施的《中关村科技园区条例》在全国率先引入"法无明文禁止不为过"的法治理念，由此诞生了第一家不核定经营范围的企业、第一家自然人与外商合资的企业、第一家实行股权激励制度的国有高新技术企业和第一家无形资本占注册资本100%的企业等我国科技体制改革和高技术企业发展历程中的多个"第一"。这种法治理念后来也被推广到武汉东湖等全国其他高新区。

2009年，国务院批复同意建设中关村国家自主创新示范区。随后，"1+6""新四条""新新四条"等一批政策在中关村先行先试。2013年，在对政策试点成效进行评估的基础上，按照分项、分层次、分阶段的原则，对试点政策进行了推广，为科技型企业、中小企业发展提供了有力的政策保障，取得积极成效。2014年年底，国务院常务会议决定把中关村先行先试政策进一步推广。其中，6项政策推向全国，4项政策推广到所有国家自主创新示范区、合芜蚌国家自主创新示范区和绵阳科学城。推向全国的6项政策包括：加快落实先期已确定推广的科研项目经费管理改革、非上市中小企业通过股份转让代办系统进行股权融资、扩大税前加计扣除的研发费用范围3项政策，以及此次将推开的股权和分红激励、职工教育经费税前扣除、科技成果使用处置和收益管理改革3项政策。推广到所有国家自主创新示范区的4项政策包括：给予技术人员和管理人员的股权奖励可在5年内分期缴纳个人所得税；有限合伙制创投企业投资于未上市中小高新技术企业2年以上的，可享受企业所得税优惠；对5年以上非独占许可使用权转让，参照技术转让给予所得税减免优惠；对中小高新技术企业向个人股东转赠股本应缴纳的个人所得税，允许在5年内分期缴纳。这些政策打破了体制机制的束缚，激发了创新创业活力，为广大科研人员和普通创业者实现创意、创新和创业梦想提供了巨大帮助。

二、共享发展理念促进我国区域发展和产业优化升级

中关村始终坚持共享发展理念，在推进自身创新发展的同时，以"总部—分支机构"等模式在全国布局创新资源，推介创新项目，以技术交易为纽带促成技术、产品和服务等创新成果跨区域转化，推动区域发展及产业优化升级，进而带动全国创新发展。

第一，以设立分支机构为着力点，共享创新发展成果。近几年，中关村企业在京外地区设立的分支机构数量快速增加，已遍布国内所有省级行政区。2016年，京外地区设立分支机构达13792家，比上年增加1548家，接近2009年的3倍。随着京外地区分支机构的增长，中关村企业对外辐射收入也持续提高。2016年，中关村上市企业实现合并报表营收3.5万亿元，其中对外辐射收入约2.6万亿元，约为2015年的1.5倍，"十二五"初期的3.3倍，占上市公司合并报表总收入的73.4%。除了在京外设立分支机构，中关村企业还聚焦前沿技术，频频开展并购，境内跨区域并购持续增长。2017年，中关村企业的并购标的遍及33个省、自治区、直辖市以及香港、澳门特别行政区，其中京外并购案例数占境内并购案例数的41.4%，在珠三角、长三角地区并购案例数分别为44起、80起。比如：绿盟科技收购大数据公司阿波罗云，将自身的网络安全技术与阿波罗云在基础网络领域的技术优势相结合，实现可运营的安全云；京东收购沃尔玛旗下的1号店，并与沃尔玛达成深度战略合作，共同打造全球领先的线上线下融合零售商业模式；四图维新并购杰发科技进军汽车集成电路设计，拓展汽车电子及车联网市场；东华软件并购群立

世纪，布局云计算与数字电视领域等。

第二，以技术交易为纽带，共享创新技术成果。近几年，中关村企业不断加大新技术新产品在全国的示范应用，技术交易成交额不断增长，技术外溢带来的成效日益突出，在推动我国智慧城市建设、生态治理、传统产业转型升级等方面发挥重要作用。2017年，中关村示范区流向外省市的技术合同为32969项，成交额为1822.7亿元，占总成交额的51.4%。2012年，赛诺水务等企业为河北提供"超滤膜及组件"和"反渗透膜及组件"等海水淡化关键技术，为河北曹妃甸建设日产5万吨级海水淡化厂提供技术支撑。这些技术不仅将海水淡化制水成本降低10%以上，还有望打破国际企业技术垄断。2013年，神州数码发挥在智慧城市建设、电子商务产业、IT金融服务等领域优势，与重庆市开展合作，带动重庆智慧产业实现整体突破，推进产业升级与区域发展。目前，神州数码控股智慧城市战略已覆盖全国近百个城市，与近50个城市签署了智慧城市战略合作协议。2015年，碧水源与新疆奇台县签订合作协议，共同实施城市污水处理厂改扩建、再生水回用管网、引水入城管道等工程建设，实现跨区域资源优化配置和协同发展。截至2018年，旷视科技已在国内32个省市打造城市大脑数据平台，为80%的一线国产手机提供人脸识别解锁能力的技术支持。京东自主研发的全球首个无人智慧配送站在陕西西安国家民用航天产业基地落成并投入使用。

第三，以搭建"双创"平台为路径，共享创业服务资源。近几年，中关村的创新创业服务向全国加速拓展。创新型孵化器、加速器等"双创"平台持续在全国设立分支机构，开展创业孵化服务。2014年，联想之星、亚杰商会、天使汇、常青藤创业园等创新型孵化器在天津、河北建立分支机构或开展合作项目，率先迈出了京津冀协同发展的步伐。2015年，氪空间陆续在苏州、南京、成都、天津落地，为当地的创业者输送最优质的创业资源。2019年，氪空间在全国11座城市拥有40多个联合办公社区，为3000多家企业和5万多名会员提供服务，并已累计孵化260多个项目，融资总额50多亿元，项目总估值超过300亿元人民币。2018年年底，优客工场在全国40多个城市及新区布局了200余个共享办公空间，估值超110亿元人民币，聚集了1.5万家企业，为10多万全球会员提供服务。2017年，百度（滨海）创新中心落户天津滨海—中关村科技园。该中心将依托科技园的区位优势、科研平台等资源，提供业务创新及产业转型服务，力推"互联网+创新创业+产业升级"发展进程。

三、协同共赢带动全国创新发展活力

如今，中关村已由最初的"电子一条街"发展成长为"一区十六园"的中关村，并快速从北京走向全国。中关村不仅将自身创新发展的成果直接共享到全国各地，还与各地政府签订合作协议，以坚持协同共赢为目标，以共建园区、打造政产学研用合作平台和建立公共服务平台为主要路径，推动创新创业服务资源向周边地区延伸，带动全国创新发展活力。

截至2017年年底，中关村已经和全国26个省区市72个地区（单位）建立战略合作关系，共建园区已达87个，共建科技成果产业化基地已达23个。通过共建合作园区和科技成果转化基地，中关村把自己的"创新基因"复制到了河北雄安新区、内蒙古乌兰察布、黑龙江哈尔滨、四川什邡、广东佛山、贵州贵阳、西藏拉萨等地区，实现了技术输出、政策输出、品牌输出，推进了区域协调发展的创新平台建设。比如，中关村与贵阳市进行跨区域合作，成立中关村贵阳科技园，建成首都科技条件平台贵阳合作站等。中关村贵阳科技园是两个"国家级示范"的强强联合，可以让贵阳更加充分便捷地运用中关村的人才、资源、技术、金融、管理等优质创新资源，补齐贵阳在发展中面临的产业结构不合理、自主创新能力不强等短板，加快贵阳创新发展。再如，中关村与青海省合作共建中关村大学科技园青海基地，推动中关村科技园区内26家大学科技园在青海基地建立分园。随后，中关村与青海海东合作，在海东工业园区科技园建立青海中关村高新技术产业基地，这是中关村品牌第一次在西部地区战略输出，标志中

关村与西部合作的序幕正式拉开。

随着京津冀协同发展战略的快速推进,中关村与津冀两地的合作越来越多。在创新创业服务生态上,北林科技园等9家大学科技园、清控科创等10余家创业孵化机构已在河北建设技术研发与创业服务平台。天津东丽区华明工业园区与清华、中科院、中关村生命科学园等对接,让科技成果"落地"天津,促进产业升级。创客总部、YOU+国际青年社区、36氪、中关村海外科技园公司、清控科创、瀚海智业、启迪之星、汇龙森等创业服务机构已落户津冀,当地自生创新创业活力逐渐显现。在园区合作上,中关村重点围绕"4+N"区域,与天津滨海新区、宝坻区,河北保定、正定、唐山等区域进行合作,共建了天津滨海——中关村科技园、宝坻京津中关村科技新城、保定·中关村创新中心、中关村正定集成电路封装测试产业基地、固安大清河开发区等一批跨区域特色园区。其中,宝坻京津中关村科技城首次采用带资金、带技术、带人才的"三带"模式,重点承接中关村在互联网、生物工程、医疗器械等领域的科研成果转化任务。2017年,天津滨海——中关村科技园开园一年来新增注册企业316家,注册资本金超过38亿元;保定·中关村创新中心初具规模,99家知名企业和机构入驻;石家庄(正定)中关村集成电路产业基地总投资380亿元的16个重大项目落地。分园建设上,中关村海淀园秦皇岛分园、中关村丰台园满城分园等都已在河北落地并投入运营。中关村海淀园秦皇岛分园自2014年开园以来,已累计引进项目108个,园区将进一步优化"中关村海淀园总部做科研、秦皇岛开发区转化做产业"的产业链布局,为承接北京产业转移提供更加有力的支撑和保障。在公共服务平台建设上,中关村支持中关村天合科技成果转化促进中心、中国技术交易所等单位建设"京津冀协同发展科技成果转化促进平台"和"京津冀技术交易平台",并在京津冀区域建立分平台及工作站。龙信数据公司与首都经济贸易大学共同成立京津冀大数据研究中心,面向区域提供基于大数据挖掘的资讯和研究服务。成立"京津冀技术转移协同创新联盟",促进三地人才、技术、资本、服务等创新资源交流与合作。除此之外,中关村还积极支持雄安新区建设,与雄安新区管委会签订《共建雄安新区中关村科技园协议》,组织碧水源、东方园林、广联达等12家节能环保及智慧城市服务企业入驻雄安中关村科技产业基地。

第四节　引领开放合作　融入全球创新网络

当前，我国经济发展进入新常态。以科技创新驱动高质量发展，必须将自主创新和开放创新结合起来。习近平总书记指出："在全球化、信息化、网络化深入发展的条件下，创新要素更具有开放性、流动性，不能关起门来搞创新。要坚持'引进来'和'走出去'相结合，积极融入全球创新网络，全面提高我国科技创新的国际合作水平。"自主创新不是闭门造车，必须具有全球视野，积极主动参与国际竞争，广纳全球创新资源。只有与高手过招才能知道差距，只有站在更高的起点上推进自主创新才能在关键核心技术上有所突破。在海纳百川等开放合作精神的引领下，中关村的创新发展从一开始就不断凝聚国际创新要素，通过加强与国际高技术企业、研发机构的密切联系，以工匠精神持续参与国际竞争，不断地提升自身技术水平，缩小与国际标准的差距，逐步实现从跟跑到并跑，再到个别领域领跑。随着科技话语权的不断增加，中关村从引入为主发展成为主动布局，以开放共赢的理念打造全球创新格局。

一、海纳百川的胸怀不断提升凝聚全球创新要素的能力

移民文化是中关村文化的一个重要特征。中关村的创业大军绝大多数来自于全国各地，甚至是世界各地。这种海纳百川的包容精神不仅吸纳了来自五湖四海的各类人才，还不断集聚优质创新项目和知名科技企业等全球创新要素。

全球高端人才不断集聚。中关村从一开始就积极引入留学人才，重视国际先进理念、规则和习惯的引入，通过强化类海外研究环境和人才发展环境，不断破除国际人才流动的体制机制障碍，努力推动建设"要素齐备、功能完善、环境优美、服务高效、生活便利"的国际人才港。中关村早在1997年就建立了全国第一家留学人员创业园，中星微的邓中翰、百度的李彦宏等均是在这一时期引进回国在中关村

创业。2011年，中科院和北京市共同引进"千人计划"人才王中林院士，并为其专门打造与海外一致的研究环境，成立了无级别、无编制、无事业费的"三无"事业单位——北京纳米能源与系统研究所。该研究所在力电转化、热电转化、光电转化、混合发电等多个领域研究一齐铺开，让中关村一举在"纳米能源"领域与美国站在同一平台。2011年开始，为了建设国家级人才特区，中关村出台了一系列人才政策。特别是2016年，在公安部等国家部委支持下，中关村启动并实施了20项出入境便利政策措施，其中"开通绿卡直通车""设立审批服务窗口"等10项政策在中关村先行先试。同时，在中央"千人计划"和北京市"海聚工程"等人才工程的支持下，中关村聚集了大批海内外高层次人才。截至2017年年底，中关村示范区留学归国人才达到3.5万人，延揽和吸引海外人才人数首次突破4万人。中关村累计入选中央"千人计划"人才1343人，约占全国的19%，累计入选北京市"海聚工程"人才590人，约占北京的65%。在接轨"千人计划"中，通过实施"海聚工程""高聚工程"，支持国际高端人才领衔新型科研机构建设，使得中关村科技前沿企业近80%的企业负责人拥有领军企业高管或海外留学背景。

国际优质创新项目加速集聚。中关村不断优化创新企业环境，持续吸引国际顶尖创业服务机构和研发中心，积极整合全球优质创业资源。一方面，中关村积极吸引国际顶尖创业孵化器在中关村设立分支机构。截至2017年，中关村先后吸引微软加速器、ARM安创空间、毕马威创新中心、趋势线（Trendlines）、Movemum、Plug & Play等全球知名的孵化器和创业服务机构在中关村落地。比如：微软加速器第十期吸纳了百望股份、医鸣技术、农田管家等15个创业团队；ARM安创空间孵化了极豆、脉极客、深鉴科技等一批企业。另一方面，中关村创新型孵化器主动走出去，汇聚全球优质创业资源。其中，全球创新路演（Demo the World）吸引了来自全球8个国家的15个优秀创业团队，140个投资机构和投资人参加。盛景网联推出盛景全球创业者轻孵化计划，将以色列、欧洲等全球优秀的创新技术项目带到中关村创业大街进行路演,与中国投资人进行对接。英国牛津大学国际技术转移中心与北京天坛生物、中国国际经济技术控股集团公司签署新一代治疗脑动脉瘤支架技术合作协议等26个国际合作项目。

知名科技企业持续设立研发中心。外资企业纷纷在中关村设立子公司或分支机构,助力提高中关村经济发展质效。2016年,《财富》世界500强企业英特尔、微软、IBM、西门子、三星等130家企业在示范区设立子公司或研发机构。德国亥姆霍兹驻京联合会、中意技术转移中心、葡萄牙仕博创新管理咨询公司等52家国际化创新服务机构成功入驻示范区。斯坦福技术许可办公室、香港科技大学技术转移中心等8家机构落地国际知名大学技术转移集聚区。截至2016年,示范区共有外资企业1475家,占示范区企业总数的7.4%,其总收入达12982.1亿元,占示范区总收入的28.2%。外资企业工业总产值达4596.2亿元、利润总额955.4亿元、实缴税费859.9亿元、出口107.0亿美元,分别占示范区的43.4%、26.2%、37.8%、39.3%,占比远高于企业数量占比,这在一定程度上说明外资企业发展对示范区发展起着重要的支撑作用。

二、以工匠精神参与国际竞争提升我国科技话语权

2016年,李克强总理在《政府工作报告》中指出,鼓励企业开展个性化定制、柔性化生产,培育精益求精的工匠精神,增品种、提品质、创品牌。2017年,党的十九大报告提出,建设知识型、技能型、创新型劳动者大军,弘扬劳模精神和工匠精神,营造劳动光荣的社会风尚和精益求精的敬业风气。同年,《政府工作报告》再次提及工匠精神,提出大力弘扬工匠精神,厚植工匠文化,恪尽企业操守,崇尚精益求精,完善激励机制,培养更多"中国工匠",打造更多享誉世界的"中国品牌",推动中国经济进入高质量时代。

其实,工匠精神自古就是中国气质,每一代中关村人都秉持着工匠精神积极参与国际竞争,其百折不挠、精益求精、勇创一流等都是工匠精神的集中体现。以倪光南、王缉志和王选等为代表的中关村

人，实现了汉字信息处理系统、汉字输入法、汉字打字机和汉字激光照排系统，为中国进入信息化时代搭建了技术平台。以王文京、李彦宏、雷军等为代表的中关村人带领着用友、百度、小米等企业，使中国在新一代信息技术领域不断缩小与国际先进水平的差距。以印奇、白净卫、陈威等为代表的新一代中关村人带领着旷视科技、齐碳科技、明朔科技，使中国在人工智能、生物医药和新材料等为代表的前沿科技领域实现了由跟跑者向并跑者，甚至少数领域的领跑者的角色转变。在汤森路透发布的《2016全球创新报告》中，京东方被列为半导体领域全球第二大创新公司。2016年，京东方以1673项PCT申请位列全球第八，与中兴通讯、华为成为跻身TOP10榜单的三家中国企业。2017年，明朔科技研发的石墨烯LED灯走出国门，率先在日本冲绳码头公园点亮。国际上较为先进的德国产品也只能做到40W的功率，而明朔科技已实现60W产品的量产，且即将实现100W产品的量产。旷视科技拥有全球最大人脸识别开放平台Face++，在成立7年里，揽获25项国际人工智能顶尖竞赛冠军，拥有国内外在申及授权专利900余项，比肩谷歌、脸书、微软等巨头。在国际市场上，越来越多的中关村高新技术企业拥有了自主知识产权，核心技术不再受制于人，甚至有的企业已经成为行业中不可撼动的巨头。

在不断加强原始创新提高话语权的同时，中关村还高度重视标准建设。标准是生产、建设及商品流通过程中共同遵守的技术依据，对一个企业或者企业联盟而言，掌握了标准等于掌握了整个行业。对一个国家而言，掌握的国际标准越多，综合竞争力就越强，在世界经济舞台的话语权就越大。中关村通过建立标准化协会，为各类企业、产业联盟制定行业和产业标准提供专业化服务，加强与国家有关部委和相关行业主管部门沟通，积极参与国际标准化活动，与国际标准组织建立互认机制，推动中关村标准快速转化为国际标准。启迪清洁能源集团旗下的全资子公司华业阳光，不仅拥有过百项专利技术，还主导或参与制定了30多项国家标准和国际标准。闪联产业联盟是孵化于中关村，辐射全国乃至全球的标准组织和产业联盟，致力于闪联标准的制定，推广和产业化。2012年，闪联4项国际标准通过ISO/IEC标准发布FDIS投票，标志着闪联1.0全部7项ISO国际标准全部发布，成为ISO/IEC 3C协同领域的完整标准体系。目前，闪联已拥有240项国内发明专利，7项软件著作权，48项国际发明专利，13项国际标准或国家标准。截至2016年年底，示范区企业和产业联盟共创制标准6173项，包括发布国际标准229项、国家标准3433项、行业标准2331项、地方标准180项。2017年，示范区在标准创新方面实现了爆发式增长，共创制各类标准1542项，包括国家标准1202项、国际标准59项、行业标准180项、地方标准16项、团体标准85项。2017年1月，由东土科技、阿里巴巴、中国电子技术标准化研究院等相关单位共同发起成立中关村工业互联网产业联盟，以标准、基础性平台技术、体系架构为抓手参与国际工业互联网标准的制定，积极参与ISO/IEC等国际标准化组织工作。

三、以合作共赢的伙伴精神打造全球创新格局

面对新一轮科技革命和产业变革，中关村始终秉持着合作共赢的伙伴精神积极参与全球创新合作，通过在海外设立研发中心，积极融入"一带一路"建设，构建国际化科学共同体等方式打造全球创新网络，促进各国共享全球创新思想和发展理念，同世界各国共享创新发展成果。

中关村的开放发展不断实现从自发转向自觉，逐步从引入为主发展到主动布局。通过设立专门的基金鼓励企业走出去，通过在海外设立研发中心、与境外科研机构开展研发合作等方式积极链接与整合全球创新资源，形成多节点的国际创新网络。商汤科技与麻省理工成立人工智能联盟，开展全方位的人工智能原创技术研发。紫光展锐与英特尔达成5G战略合作将联手研发5G手机芯片。百济神州与全球性制药企业新基共同研究治疗实体肿瘤，加快在实体肿瘤治疗领域的研发步伐。四达时代将自家的数字电视机顶盒覆盖了非洲30多个国家和地区，用户人数接近900万，推动了非洲地区的数字化进程。中关村

发展集团在美国设立中关村硅谷创新中心,与斯坦福大学理论物理学家张首晟教授合作设立"丹华基金",首期募集资金9000万美元,累计挖掘并投资40个前沿项目。截至2018年年底,中关村管委会已在英国伦敦、芬兰赫尔辛基、德国慕尼黑、美国硅谷等地建立了10个海外联络处。中关村境外上市公司在海外设立的研发中心或分支机构已近千家。除此之外,中关村还积极搭建海外合作创新平台,加强与国际创新资源的链接。如中关村发展集团先后在硅谷、德国、波士顿投资设立创新中心,为中关村企业在海外开展技术合作打造广阔平台。再如与美国湾区委员会、中关村产业技术联盟联席会签署合作协议,在建立专家智库及科技创新技术平台、支持企业建立联合研发平台等方面开展合作,积极推动中关村、湾区两个区域内创新资源的链接与整合。

中关村积极融入"一带一路"建设,成立"一带一路"产业促进会,推动不同产业领域、产业链上下游企业通过优势互补抱团出海,鼓励中关村企业为"一带一路"沿线国家提供科技服务,实现互利共赢。2017年,中关村"一带一路"产业促进会对接沿线25个国家,促进45家会员企业在"一带一路"沿线国家设立分支结构,举办以"创新生态"为主题的创新创业季,累计吸引来自美国、德国、意大利、韩国、丹麦等32个国家的770家机构参与,542个项目进行路演或展示。神雾集团的煤炭高效清洁利用、生物质及生活垃圾处理、冶金有色等先进技术运用于"一带一路"沿线20余个国家的多个工业节能减排技术改造和资源综合利用项目,为当地发展经济、防治污染、推动可持续发展发挥积极作用。四方继保在电力系统自动化、工业自动化等领域的系统解决方案已在非洲广泛应用。广联达与"一带一路"沿线国家科研院所和高校建立合作,输出技术手段,培养专业人才,助推其建筑工程领域信息化。纳通给"一带一路"合作国家推广医疗设备、启迪清洁能源的太阳能光热等产品及相关服务。神州高铁主要为"一带一路"沿线的50多个国家班列和高铁提供运营维护,经过多年积累,目前已拥有400多项自主知识产权的产品，200多项专利，已发展成为目前国内唯一覆盖轨道交通运维全产业链的企业。碧水源紧盯国家"一带一路"战略，积极与沿线的巴基斯坦、印度以及中东地区的发展中国家加强合作，与巴基斯坦旁遮普省签订合作协议。不仅如此，中关村还成立"一带一路"产能合作中心，支持亿赞普在欧洲、非洲、中东等地区国家部署跨境清算系统，建立畅通信息渠道，支持企业在重点产业领域与"一带一路"沿线国家开展合作，搭建跨境业务服务平台，与沿线国家开展技术合作，实现共赢发展。

中关村发挥创新引领作用，实施大科学工程战略，打造国际化科学共同体，为全球重大科技议题设计中国方案，贡献中国智慧。中科院积极推动、先期培育国家的国际大科学计划，与科技发达国家构建的"强强"合作网络进一步升级，成为推动建设"世界科技强国"的积极力量。中关村创新基因惠及海内外区域和企业，"引进来"和"走出去"两方面有机结合，帮助国际企业更加善于创新、敢于创新，不断增强凝聚国际共识和合作创新能力。中关村代表国家，牵头组织大科学计划和大科学工程，加快解决全球关键科学问题，带动科研人员特别是企业走向国际市场，为建设创新型国家和世界科技强国提供有力支撑，彰显中国在应对人类共同挑战方面负责任大国形象。

第五章

基于文化视角的中关村与
世界知名科技园区比较

世界上许多国家重视科技园区的创新发展。科技园区是知识、技术、人才、资本等要素高度集中和融科研、教育、生产为一体的创新集聚区,是一个国家或区域科技竞争力提升与经济增长的重要空间载体。目前,世界上比较知名的科技园区主要包括美国硅谷科技园区、德国慕尼黑科学园、以色列海法科技园区、加拿大卡尔顿高科技区、英国苏格兰高科技区、法国索菲亚科技园、新加坡国家高科技区、印度班加罗尔科技园区、俄罗斯新西伯利亚科学城、日本筑波科学城、中国台湾新竹科学园区等。这些科技园区根据自身的地理条件、区位优势和资源禀赋,营造鼓励创新创业的良好氛围和发展环境,形成独具特色的科技创新模式,积累了丰富的创新经验。本章基于文化视角,从科技园区市场主导或政府主导相对成功的维度出发,重点选择美国硅谷、以色列海法、印度班加罗尔、中国台湾新竹等科技园区的创新发展经验进行比较,深入剖析这些科技园区的创新特征及其运行规律,深入挖掘世界知名园区在创新发展过程中所表现出来的重要理念、精神和文化基因,为我国科技园区创新文化培育与发展、以创新驱动高质量发展提供重要启示。

第一节　美国硅谷：鼓励创业，宽容失败

美国硅谷地区作为世界科技创新高地，在多年的探索中形成了独具特色的硅谷创新模式，也成为世界其他科技园区创新发展的重要标杆。硅谷创新经验是建立在高度发达的技术社会背景下，指导硅谷创新基因形成、创新构想实现的硬核元素。硅谷科技园区的持续高速发展，得益于硅谷创新。硅谷成功的重要因素不仅包括具有丰富的教育、人才资源以及先进的技术，更重要的是深植其内不竭的创新精神、独特的文化和制度环境等，多种因素的相互作用和交织构成了硅谷强大的竞争优势[①]。

一、弘扬大学自由探索精神，追求真理孕育科技萌芽

硅谷大力弘扬大学的自由探索精神，不断追求真理、勇攀科学高峰，孕育了硅谷最初的科技萌芽。硅谷的崛起与斯坦福大学是密不可分的。硅谷创新源自斯坦福大学的自由探索和追求科学的校园文化。硅谷坐落在美国加利福尼亚州旧金山以南到圣何塞的纵深约80公里的平坦谷地上，毗邻的著名斯坦福大学成为硅谷形成的重要思想源泉。1951年，斯坦福大学作为创立不久的新兴大学，特别重视师生们的自由探索、学以致用的创新精神，鼓励科学研究和社会实践的紧密结合，将科学成果应用到企业中去，加快科技成果转化为实际生产力。当时的副校长费雷德里克·特曼（Frederick Terman）教授提出"技术专家社区"重要设想，将科研力量雄厚的大学和高新技术企业进行紧密结合，促进大学与企业的资源整合与优势互补，推动大学实验室的重要科技成果走向市场，加快技术转化与产业化应用。难能可贵的是，特曼教授具有强大的创新创业思想和开放探索精神，将个人积蓄

---

① 王泽强.从美国硅谷的优势看国内的科技园区建设[J].安徽科技，2003（08）：44—47.

用于鼓励和帮助学生们创新创业，并于1951年创办世界上第一个高科技园区——斯坦福研究园（Stanford Research Park）。斯坦福研究园成为美国史上最早成立的科技工业园，提供土地、研究所、实验室和办公室等，积极吸引和鼓励创业者创新创业，主要研究与开发领域涉及电子、航空与宇航、制药和化学等高新技术部门。特曼教授因此被后人誉为"硅谷之父"。斯坦福大学鼓励学校师生能自由地从事教学和相关的学科研究，把知识转化为生产力，倡导和重视培养学生的实际创造力和技术应用能力，"学术自由之风劲吹"不断培育硅谷的创新氛围。

硅谷创新的核心特质体现为追求科学的校园文化。硅谷周边拥有斯坦福大学、加州大学伯克利分校等著名高校，这些高校丰富的科技创新资源以及所具有的追求科学、追求真理、勇于创新的校园精神为硅谷创新发展注入了活水源头。这些大学非常强调创新创业教育，注重学生的实践能力和科技教育，为学生开设创新培训课程，鼓励学生面向社会加强创新，帮助学生到硅谷创新创业。这种鼓励自由探索和追求科学的校园文化，不断培育了具有创新思维和创业魄力的高科技人才。硅谷充分尊重和相信年轻人的创新创业能力，许多高科技公司的创始人不满30岁就开始创业。斯坦福大学的实验室、车库作为创新创业者的试验田，吸引许多的大学生创业者扎堆，并不断孵化出许多创业公司。大学教授、科学家与学生共同创新、自由探索、参与创业，并带着成果转化，把自由探索和追求科学的创新理念带入企业，形成硅谷强大的推动力和持续创新力。据统计，硅谷有70%的企业是由斯坦福大学的学生直接创办的，或者与斯坦福大学密切相关，如斯坦福大学教授为创业者提供启发、指导或者参与创新等，帮助创业者在硅谷实现梦想，依托大学创新创业教育实现创新创业者梦想。硅谷与斯坦福大学有关的企业产值占硅谷地区产值的50%～60%。

1956年，诺贝尔物理学奖获得者、半导体晶体管之父威廉·肖克利（William Shockley）带领8位年轻的物理学家和工程师来到硅谷，成立了肖克利晶体管实验室。1957年，这8位优秀的年轻人集体跳槽，创立了仙童半导体公司（Fairchild Semicondustor Inc.）。20世纪60年代之后，这8人又陆续离开仙童公司，创建了Intel、Philips Semiconductor、National Semiconductor、AMD等世界知名公司。当时美国45家半导体公司有40个位于硅谷，许多公司都是仙童半导体公司所培育或发展而来的，仙童公司文化根基离不开大学教授所追求的科学精神和自由独立的创新理念。这种追求科学、崇尚自由、勇于创新的校园文化直接感染了硅谷，"斯坦福研究园"的创建与发展，带动了美国西海岸高新技术的创新发展。斯坦福等大学的自由探索精神和追求科学的校园文化，不断培养学生的创新意识，树立积极进取、勇于冒险、自由探索的创新创业精神，成就了硅谷地区企业创新与经济繁荣，为"硅谷"奇迹般的崛起奠定了坚实基础。

二、政府鼓励自由竞争，企业在市场中创新崛起

硅谷的创新发展主要体现为市场主导型的发展模式，这种市场主导型模式从另外一个侧面也反映了政府鼓励市场主体自由竞争、鼓励创新创业的管理哲学和文化氛围。美国作为高度重视市场竞争、鼓励创新创业的发达国家，政府的放松管制、无为而治、优化营商环境、完善企业服务等理念，实际上为硅谷创新营造了良好、稳定、自由的文化环境，推动企业在市场竞争中不断发展壮大。硅谷走的是高度市场化运作与必要的政府引导支持相互结合的道路，硅谷企业通过市场化运作实现自主创新的高技术成果的产业化发展。美国政府很少直接介入硅谷企业的发展，政府通过制定各种适当有效的政策措施和完善的法律制度来推动硅谷企业的良好发展，如为新成立的企业免费提供临时工作场所，为企业家免费提供培训，制定与知识产权相关的法律规范等[1]。

---

[1] 郑志峰.浅析硅谷高科技园区发展对我国科技产业管理的影响[J].中国科技信息，2014（02）：151—152.

在硅谷发展早期，美国政府通过向初创企业提供采购订单进行必要帮扶，或者直接参与私人风险投资公司不愿投资的高风险技术领域，为高风险企业提供贷款担保等。美国政府重视维护自由市场的法律体系，保障鼓励创新的良好环境。如建立有效的知识产权保护体系、优惠的财政税收政策、完善的社会信用体系等。政府鼓励、倡导创新思维，为创新活动提供自由灵活的体制和机制。美国政府营造平等竞争的市场环境和知识产权保护体系，营造全社会的创新氛围，构建社会的诚实信用体系，降低创新活动的社会交易成本。在政府鼓励自由竞争的创新理念培育下，硅谷构建良好的区域创新环境，发挥产业集群优势，形成完善的创新生态系统[1]，使企业能在激烈的市场竞争中创新崛起、发展壮大。

三、吸引全球科技人才，外来移民带来新鲜血液

硅谷有效地吸引了大量的全球高科技精英人才，集聚了以人力资源为核心要素的创新资源，推动了自身的跨越式发展。硅谷的发展是以智力资源为依托的，会集着大量的来自海外的高科技人才，其中约有一半以上是来自于印度和中国的科技人才[2]。硅谷吸引外来移民占据其总人口的60%～70%，移民文化为硅谷带来丰富的新血液、新动力、新思想。1965年，美国新的移民法允许接受外籍工程师和教授，吸引了许多具有不畏艰难、积极创新精神和高技术创新能力的亚洲移民人才。20世纪八九十年代，有专业技能的移民不断涌入硅谷，为硅谷带来丰富的高层次人力资源，注入了丰富的创新活力。硅谷4800平方公里的区域内，拥有工程师66万人，40多位诺贝尔奖获得者和上千位科学院、工程院院士，这些丰富的人力资本及其所具有的自由创新精神为硅谷发展带来了新动能。来自中国清华大学的毕业生在硅谷的就有近2万人。

---

[1] 周梅.硅谷地区创新文化的启迪［N］.中国计算机报，2016-07-25（014）.
[2] 王泽强.从美国硅谷的优势看国内的科技园区建设［J］.安徽科技，2003（08）：44—47.

目前，硅谷地区集聚的全球高科技人才中30%的人口年龄在25～44岁，这一年龄段正是科技人才创新创业的黄金年龄。来自世界各地的高科技人才带来多元的文化元素和新鲜血液，在硅谷不断挖掘其创新潜力，不断孕育新思想、发明新技术、创办新企业，形成了全球著名的多元文化交融、开放兼容并蓄、勇于创新探索的硅谷文化。

多民族的居民和高素质、高密集度的科技人才构成了硅谷创新的多元性、开放性、包容性等鲜明特点。正是这种多元文化的特点决定了硅谷社会结构的独特性。拥有不同民族文化背景的科技人员的相互交流，各种文化和创新构想的渗透与互动，逐渐形成了以诚信为核心并为硅谷广大科技人员所认同的创新价值体系。从1995年到2005年，硅谷52.4%的工程和技术创业公司，都至少有一位创始人是在美国以外出生的，这是美国整体比率的两倍。如谷歌的企业园区简直就像是"联合国"的翻版，那里的餐厅不仅供应热狗，还提供中餐和墨西哥餐，甚至还提供来自印度的咖喱。这是一种多元文化，并不断地催生了创新。高科技产业的移民不仅丰富了硅谷文化，还通过回国创业或者被派驻回国等方式将硅谷的高新技术产品和产业扩散到其他国家，促进了硅谷企业的国际化扩张以及硅谷文化的全球化传播。移民带来了对全球市场知识的理解、科技信息的掌握、外来文化的交汇、多元思想的碰撞，带来了在不同环境中成长的各种知识和思想交融，让硅谷与创业者自己的家乡建立了种种联系。这种来自世界各地的移民文化，既造就了硅谷的创新辉煌，也为其他地区的创新发展积累了人脉资源和宝贵经验。全球人才的自由流动、硅谷创新精神的交汇与传承，推动了硅谷地区与世界其他区域的信息共享、知识碰撞、文化渗透与科技进步，共同促进了高科技和创新精神在全球的应用与交流。

四、鼓励"车库协作"，宽容失败也包容"背叛"

鼓励创业的自由探索、宽容失败与协作创新精神成为硅谷发展的最初动力，成为创业者的价值追求。车库创业的自由探索精神是硅谷创新的重要特质。硅谷在美国的诞生与创新发展，其根基在于美国素有"车库创业"的传统。车库创业精神体现为鼓励创业者的创新协作精神，进而推动硅谷发展。硅谷发轫于车库，遍布硅谷的大大小小的高科技企业或是从斯坦福研究园或是"风险投资"所孵化，这些企业共同的特征是受到车库创业的熏陶和浸润。鼓励探索、追求真理、崇尚创新、强调协作的车库创业成为社会共识和普遍追求。自由体制、开放平等、对创新的尊重和重视等，都是硅谷创新的显著特征[①]。最初的硅谷是集"产、学、研、用"于一体的高科技产业园区，硅谷第一个孵化产品是惠普公司（HP）。1939年，惠普公司在帕卡德家车库里创立，启动资金只有538美元。目前，帕卡德家车库已成为加州政府官方认证的"硅谷发祥地"，成了加州的历史地标。在硅谷，两三个志同道合的好友在车库和地下室就可以开启创业之路。许多科技公司并不看重学历，更重视青年人才的创新创业精神。Facebook聘用了一名18岁的实习生担任全职职位。雅虎在2013年以3000万美元的价格收购了19岁学生的自动新闻摘要应用Summly。硅谷文化的自由探索和崇尚新想法，为创新创业者实现梦想提供了良好的文化氛围，如只要软件工程师有好的创意、编创一段软件代码或在技术上寻求突破，就可能产生新的公司。硅谷崇尚新想法，重视技术人才，以创新、自由探索为灵魂，人们的生活和工作观是"活着为了工作"，人人将工作视为乐趣，人人都处在放松、自由探索的状态下，人与人之间的交流也更加平等。

宽容失败与包容"背叛"是硅谷创新的强大活力。在创业过程中创业者会面临巨大的压力，其中一项便是失败后外界对自己的看法。但硅谷宽容失败，同时鼓励跳槽和流动。硅谷创新的重要特色在于具有鼓励冒险、宽容失败的价值观念，信奉"败又何妨（It is OK to fail）"的价值观，有宽容失败的胸怀和强烈的风险意识，养成了容

---

① 章一求.硅谷创业史：文化的传承[J].劳动保障世界，2017（16）：69.

忍跳槽、宽容"背叛"的开放思维[①]。硅谷营造了宽容失败的良好文化氛围，使得人人都跃跃欲试，让创新创业者放下担忧大胆开创新企业。硅谷许多公司的发展与成功均是建立在创业者众多失败基础上的，创新创业者的不断尝试、创新、失败、再创新等，最终推动创新创业的成功与发展。硅谷人纷纷认识到，失败并不是负面因素，相反认为失败是最好的经验、最好的老师，宽容失败、接受失败，才能避免失败、走向成功。

硅谷的宽容失败文化接受失败者的归来。对于跳槽进行创业的技术人员，硅谷公司不但不加阻挠，反而宽容甚至支持，有的还会提供启动资金，创业不成功回来也欢迎。硅谷企业家不断积累失败经验、尝试创新的精神，激发了硅谷的创新活力，不断地催生了改变人们生活的新产品、新技术、新产业。硅谷拥有对"背叛"的容忍态度，员工的流动不受任何限制和谴责，"跳槽"和主动"冒险"被视为完全正常的职业行为。

分享回馈与诚信协作是硅谷创新的强大保障。硅谷建立了守规则、讲信用、共分享的创新氛围，既鼓励共同艰苦创业，也倡导共享创新成果，重视分享财富和利益回馈。以此创新理念为重要保障，硅谷的"产学研"协作创新模式非常成功。1970年，斯坦福大学成立了"技术许可办公室"，帮助创新创业者与企业、社会资本、中介机构建立联系，推动技术成果的转化与应用，通过合作与成果共享将师生的技术成果转换为生产力。硅谷的投资人很多都是创业成功者，他们在创业的时候得到很多人的帮助，在成功之后也同样帮助下一代创业者，分享创业经验，贡献创新智慧，回报硅谷的生态系统。硅谷的企业普遍建立股票期权制度，企业发展与员工收益紧密联系在一起，企业的成功为创业者和员工带来巨额利润。Facebook公司慷慨地赋予员工股份，企业上市后就有1000名员工成为百万富翁。这种利益共

[①] 陈翁翔，林喜庆.科技园区创新模式比较与启示——基于硅谷、新竹和筑波创新模式的分析[J].中国行政管理，2009（10）：113—115.

享与创新回馈机制成为激励硅谷人努力创新、积极创业的内生动力。仙童公司建立密切的协作和互助关系,企业和工程师经常联合解决技术和产业难题,互相交流想法和信息。仙童公司及其衍生公司的协作发展模式,形成了创新协作、利益共赢的良好文化氛围。硅谷的企业之间、企业和研究机构之间一直保持着密切的协作关系,以多种方式进行合作。硅谷宽松、自由、诚信、合作、包容的创新环境成为鼓励创新的温床。

第二节　以色列海法：教育为本，风险投资

以色列是全球创新创业集聚地，是世界高科技创新企业较为兴盛和集聚的国家，创新水平和科技竞争力全球领先，享有"创业的国度"的美誉[1]。海法是以色列北部重要的港口城市，也是以色列第三大中心城市，仅次于耶路撒冷和特拉维夫，是一座名副其实的"创新之城"[2]。海法Matam科技工业园区位于海法的南部入口处，是以色列发展最早、规模最大的工业园区，占地面积约22万平方米，拥有约8000名员工。许多全球知名高技术公司如英特尔、微软、谷歌、飞利浦及IBM等均在此设有分公司、研发中心和生产基地，以拥有许多具有创新能力和全球竞争力的高科技研发公司而著称。海法Matam科技工业园区作为以色列众多科技园的重要代表，形成了体现以色列特色的重要创新经验。

一、注重创新创业教育，积极培养创新型人才

以色列海法的创新经验形成，与以色列人重视教育、鼓励创新、吸纳人才等因素密切相关。在犹太文化中，教育的价值高于一切，教育是提升创新能力最重要的手段。犹太人一直有重视教育传统，以色列教育事业高度发达，全国形成中小学教育、劳动和职业教育、高等教育以及成人教育的完整网络，在每个阶段都重视学生的创新意识培养，注重创新与实践能力的提升。以色列把创新创业教育作为破解资源匮乏难题、避免民族闭锁性、提升人才创新力的重要手段。以色列也被称为世界上教育最为发达的国家之一，诺贝尔奖得主中20%是犹太人。以色列重视创新创业教育，在以色列，平均每1844人中有

---

[1] 方晓霞.以色列的科技创新优势、经验及对我国的启示[J].中国经贸导刊（中），2019（02）：25—26.
[2] 孙锦.海法：在这里发掘"创新之城"的奥秘[N].深圳特区报，2012-06-18（A06）.

一个人创业。以色列自成立以来一直是战火不断、四面楚歌的国家，只有重视教育，包括儿童教育、职业教育和高等教育，才能为提升整个民族的文化素质和创新能力奠定基础，为国家创新培育和高技能人才集聚提供储备。以色列高等教育事业发达，1948—1949学年全国共有0.164万大学生，而在1984—1985学年大学生人数达9.9万，即每1000个劳动力有77名大学生。大学生的比例比较高，也反映一个国家或地区的整体文化水平。海法Matam科技工业园区就是在这样的国家教育文化背景下成长起来的。注重创新教育、不断培养创新人才的教育文化为该园区的创新发展提供了良好的文化积淀。该园区所在地周边有著名的以色列理工学院。这所大学是由开国总理本·古里安亲自选址，由爱因斯坦参与创建并为落成揭幕的高等学府。以色列理工学院素有"以色列的麻省理工"之美誉，孕育了多位诺贝尔奖获得者，是以色列建校时间最早并拥有悠久创新传统的高等学府，是先进研究和学问的聚集地，也是众多激动人心的以色列技术创新的诞生地。以色列理工学院在以色列政界、军界、学界、商界均享有极高声誉，也为海法Matam科技工业园区输送了大量的创新人才，这所大学的创新文化深深影响和成就了海法Matam科技工业园区。在纳斯达克上市的以色列公司中，70%的公司均有一名以色列理工学院的毕业生占据前三大高管职位之一。以色列理工学院的毕业生具有较强的创新与合作精神，在许多高科技领域勇攀高峰、勇闯新路，成为以色列高技术创新与产业发展的重要脊梁。以色列重视教育、重视基础研究与应用研究相结合、重视科技创新与创业人才培养，这些教育文化为海法Matam科技工业园区的创新发展提供了良好的文化环境。

二、重视创新创业投入，实施科技立国战略

以色列各级政府高度重视创新创业的投入，制定了科技立国战略，为海法Matam科技工业园的创新能力提升和科技人才积累形成了良好的文化基因。以色列政府重视科技研发，增加研发预算。1984—2014年，以色列国家研发费用的预算增加了228%。随着科技

立国战略实施以及丰富的高科技人才资源集聚，海法Matam科技工业园更加重视和鼓励创新创业，加快实施科技立国战略，吸引全球跨国公司建立研发中心，不断地提升科技创新能力，赢得了国际声誉和地位。

许多的跨国公司选择在以色列建立研发中心。超过250家全球公司，包括80家财富500强公司在以色列拥有研发实验室。2016年，以色列有7072家高科技公司，其中25%是互联网公司、20%是电信技术相关的公司、19%是IT与软件公司、17%是生命医疗公司、9%是洁净能源公司、2%是半导体公司。这些公司的共同特点是技术密集、创新能力强。以色列政府为这些高科技公司的创新发展营造良好的环境，并由政府投资建立世界上最为先进的孵化器。1991年，以色列政府就成立了专门的"国际首席科学家办公室"，启动"国际科技孵化器计划"。以色列政府还制订了一系列研发支持计划，如研发基金计划、磁石计划（the Magnet Program）以及国际科技合作项目等。

以色列政府专门扶持那些处于初创期、创新性强但对社会投资而言却风险极高的科研项目。孵化器提供新创企业50万到80万美元不等的资金，企业成功后则进入市场募资，再逐年提拨3%到5%公司营收归还政府，若失败则无须归还。这些计划和政策大大鼓励创新创业，政府为创业企业提供研发经费等支持，为创新创业分担风险，畅通阻碍，提供资源，降低成本，形成了良好的鼓励创新创业的文化氛围，为海法Matam科技工业园的创新发展提供强大支撑。海法Matam科技工业园区许多科技项目的落地和科技成果的转化应用离不开政府的扶持与重视。

三、鼓励创新风险投资，改善科技园区创新环境

海法Matam科技工业园重视风险投资的创新服务文化培育。海法Matam科技工业园区内几栋壮观的大楼，将微软研究中心、谷歌社区、Intel数据中心、Philips医疗公司等美国知名大公司与高科技、风险投资和创业者紧密地联系在一起。在以色列初创企业中，风险投资

的84%来自外国资金，以美国为主。海法Matam科技工业园为园区企业投融资畅通资金来源，吸引来自美国等发达国家和跨国公司的投资。如谷歌社区是一家成立于2005年的创业公司，已成为谷歌在美国之外仅次于苏黎世的最大研发中心。谷歌社区孵化器能够容纳20多家创新企业，围绕搜索、处理应用软件、网络互连和数据分析，提出革命性的想法和开展创新性研究。海法Matam科技工业园为创新创业、风险投资等产业活动提供良好的工作生活服务。一方面，根据创新创业者的需求，给企业提供包括资金筹措、研发设施、风险投资等各种完善的定制服务。另一方面，园区配套建成生产与生活高度融合的区域，配有幼儿园、邮局、餐厅、咖啡厅等各种生活服务设施，为创新创业者营造温馨的生活环境，消除后顾之忧，打造创新创业的天堂。

第三节 印度班加罗尔：服务外包，融入国际

班加罗尔（Bengaluru）作为印度的重要经济、科技、文化中心城市，最早建于16世纪，是由城堡发展而来，分为旧城的商业区和新城的工业区。1831年起，班加罗尔被英国殖民主义者占领，直到1947年英军撤离。1958年，得克萨斯公司首先在班加罗尔建立设计中心，为其他跨国公司和企业进入开辟了道路。20世纪60年代，印度中央政府把重点国防项目、通信研究机构如科学研究所、国家航空研究所、雷达电子发展公司等设在该市，为班加罗尔信息技术产业发展提供了条件。目前，班加罗尔已经变成印度的科技中心和政府工业投资的重点地区，如印度主要的飞机制造厂、电器、通信设备、机床、汽车制造、制药等工厂。班加罗尔的机械、电器、化工、飞机、钟表、金属加工等工业相对发达，是印度的重工业中心，交通相对便利，多条铁路与公路以及机场等在该城市交会，提供了相对多的就业岗位，吸引了印度35%的IT人才，为印度贡献了较多的GDP。班加罗尔南郊的电子城从20世纪80年代兴建，发展成为全球第五大信息科技中心，世界知名企业如微软、惠普、3M、Infosys等均在班加罗尔建立分公司或办事处，班加罗尔也由此成为"印度的硅谷"，成为印度最富裕、最有活力的城市。班加罗尔依托发展的信息技术产业基础，大力发展服务外包，主动融入国际，鼓励创新创业，倡导技能教育和务实精神，这些创新氛围成就了班加罗尔的繁荣。

一、发展创新服务外包业，主动融入全球产业链

吸引高科技产业进入，提升创新服务水平。班加罗尔科技园区创新的重要经验表现为通过服务外包，主动融入全球产业链，在融入过程中高度重视创新创业。从20世纪80年代末期开始吸引了国际软件和高科技公司的注意。1987年，德州仪器在班加罗尔开展服务外包业务。后来不断吸引国际软件和高科技公司的进入。1991年，国际

商业机器公司IBM进驻班加罗尔。后来，通用电气也在班加罗尔设立了研发中心。许多知名企业的进入，为班加罗尔信息服务产业集群发展奠定基础，印度成为美国和欧洲客户最热衷的IT服务外包地。

2005年以来，班加罗尔的服务外包产业不断扩大规模和业务领域，并注重知识、技术等服务外包内容的拓展，外包业务从呼叫中心、数据录入和售后服务等价值链低端领域不断向市场分析、研发咨询、工程设计、法律顾问、专利申请等价值链高端环节转移，不断提高知识和技术创新水平。迄今为止，班加罗尔已成为全球第五大信息科技中心，创立的高科技企业达到4500家，其中1000多家有外资参与，被IT业内人士认为已经具备了向美国硅谷挑战的实力。班加罗尔主动融入全球产业链，为全球提供更多的创新服务产品，大大提升了服务外包产业的国际竞争力与影响力。

重视知识服务创新，追赶外包行业科技前沿。班加罗尔科技园区服务外包产业的发展离不开印度政府的政策支持，从政府到企业较早地有意识培养服务外包产业的技术创新能力和竞争力。1999年，印度成立信息科技部，为该国IT产业发展提供法律和政策保障。2000年10月17日，印度IT法案生效，加快电子商务和服务外包产业发展。班加罗尔在服务外包产业发展中，重视知识服务和技术服务的创新。班加罗尔在制药、生物技术、法律服务、知识产权、汽车、航空业等领域，重视研发设计、技术支持等服务业务水平提升，不断扩大以知识服务为主的外包业务，不断提高技术创新和服务能力，积极追赶外包行业科技前沿。班加罗尔重视技术创新，主动对接国际市场，适应新兴市场低收入人群需求，不断研发低成本和创新的新产品。目前全世界大约有75家资质为5等的软件研发企业，其中有45个在印度，班加罗尔占了近30个。在班加罗尔软件园区短短1.5公里的核心区内，集中了4.5万个外包工作机会，仅在通用电气公司的印度研发中心内就有1800名博士从事软件研发工作。班加罗尔吸引了近11万IT外包员工，为美国、欧洲、日本以及中国的企业提供编写程序、设计芯片、计算机维护、金融等服务业务，成为全球外包服务产业链中的重要节点和引领者。

依托行业协会力量推动服务外包业融入全球产业链。印度的全国软件和服务公司协会NASSCOM是服务于印度IT软件和服务产业发展的非营利性组织，吸引包括来自印度、美国、欧盟、日本以及中国的1100多家国内外企业加入。该协会的建立与成员的不断扩大，为印度服务外包业及关联产业发展提供了重要的服务桥梁作用，在协调产业与政府关系、推动产业联盟、促进人力资源开发、加强产业创新合作、融入全球产业链等方面发挥重要功能。比如，该协会主动与当地政府联系，在产业规划制订及其落地、产业政策实施、争取有利于软件发展政策优惠、建立软件科技园、与WTO积极沟通争取有利资源等为企业提供良好服务[1]。班加罗尔科技园区的创新发展离不开各类行业协会、中介服务组织以及国外科研机构的沟通与资源整合作用。如班加罗尔航天、计算机等高科技领域的研究机构积极与美国、俄罗斯、欧洲等国外科研院所以及联合国的有关组织保持密切的合作关系，开展多种形式的合作研发，充分利用国外先进技术成果和资金援助[2]。维护企业知识产权，促进产学研合作创新，与大学科研院所建立合作联盟，开展技术人才培训，推动服务外包向金融、保险等领域发展。

二、吸引留学生回归，制定优惠政策鼓励创新

基于本地高技术人才的缺乏困境，班加罗尔重视对"海归派"人才的吸引，为IT产业发展注入鲜活血液和创新动力。海归人才是重要的创新资源。高学历、高技术的海归人才为班加罗尔带来了高科技和新知识，也吸引了海外公司及其投资。印度作为人口众多的发展中大国，拥有大量会英文的廉价劳动力，吸引着西方IT精英公司将班加

---

[1] 侯荣娜.借鉴印度班加罗尔成功模式加快辽宁服务外包业发展[J].辽宁经济，2010（08）：44—45.

[2] 严正.班加罗尔与印度的软件业[J].福建师范大学学报（哲学社会科学版），2002（03）：29—31+89.

罗尔作为投资和创新发展的重要桥头堡。由于海归人才以及印度本土劳动力的母语均是英语，并具有良好的数学基础，为IT产业发展提供了良好的人才支撑。班加罗尔软件技术园拥有类似硅谷的一些"硬件"，如丰富的高素质人力资源。班加罗尔周围有10所综合大学和70家技术学院，每年可输送1.8万名软件人才。印度籍留美人员利用在美国的社会关系网络和影响，架设印度与美国之间产业和市场联系的桥梁，在班加罗尔科技园创新发展中发挥了关键作用[1]。印度政府为IT等产业创新发展制定了人才吸引、税收减免、财政扶持等优惠政策，吸引更多的海归、高级人才进入IT及相关的服务行业。

印度服务外包产业的创新发展离不开政府有力的支持和良好的创新政策环境。比如在税收激励方面，20世纪80年代后期，印度政府对软件产业实行10年免税；到了20世纪90年代，政府推出了"零赋税"政策，出口软件全部免税，对生产软件产品不征收流转税。许多地方政府还在尽可能给外包企业更多的优惠，如在经济特区内可以降低土地出让价，有效地降低服务外包产业成本，进而增加了印度承接服务外包的成本优势[2]。印度政府对包括班加罗尔在内的全国8个软件园和6个出口加工区制定了优惠政策，以低廉价格为创新创业者提供厂房、办公楼、水、电、气、通信等多方面的基础设施，大大地降低创新创业成本。印度对软件业还实行零关税、零流通税和零服务税等政策，允许企业加速折旧[3]。

印度集中政府有限财力，以政府规划、计划、投资来鼓励创新、扶持产业发展。如印度政府制订的"软件技术园区"计划，规定软件园可由中央政府、邦政府、公共部门或私人机构独立或联合创建，

---

[1] 唐礼智.硅谷模式的模仿与创新——以新竹和班加罗尔为例[J].城市问题，2007（10）：91—95.

[2] 侯荣娜.借鉴印度班加罗尔成功模式加快辽宁服务外包业发展[J].辽宁经济，2010（08）：44—45.

[3] 严正.班加罗尔与印度的软件业[J].福建师范大学学报（哲学社会科学版），2002（03）：29—31+89.

可由一个或多个独立企业构成。班加罗尔所在地卡拉塔克邦政府，长期由人民党执政，对当地高科技企业又给予特别的支持，对企业科研实行财政资助，对企业科研成就颁发政府奖[1]。软件园设立管理中心，代行政府管理与服务职能，制定并完善相关的配套政策，如关税、所得税、进出口政策、货物税和劳务税、版权等优惠政策，降低人才使用成本和人才创新创业成本，吸引海归及高技术人才到班加罗尔创新发展。

软件园的管理中心为创新创业提供一条龙的园区服务，包括高速数据通信、孵化设施、顾问、网络监控、数据中心、数据托管等。"软件技术园区"计划规定，政府允许外资企业全额投资建立新公司，外方用技术转让费、版税、股息投资的本息，在缴纳相应的所得税后，可全部汇往国外。这一规定大大吸引了创新创业者的进入。该计划还规定园区成员企业进口货物时可免征任何关税，园区成员单位国内采购免缴地方税等。这些优惠的税费政策极大地降低了外资企业成本，优化了营商环境，吸引大量的外资企业和海归人才进入班加罗尔科技园区发展。

三、注重技能型人才培养，倡导科学务实精神

班加罗尔不仅重视海归等高技术人才吸引，还重视园区人才的技能培养，依托本区域的印度理工学院、印度管理学院、国家高级研究学院、印度信息技术学院等知名大学和科研院所资源，加强科技园区各类技术与服务人才的培养，注重实用型、技能型的人才培养和业务素质提升，大量培养高技术的技能型人才，形成倡导科学务实精神的发展理念。班加罗尔科技园区拥有大量的技能型人才，这些人才素质高，大部分在本科以上，而且英语能力比较强，能为欧美等外资企业提供良好的语言交流环境，便于西方跨国企业在园区入驻和创新

---

[1] 严正.班加罗尔与印度的软件业[J].福建师范大学学报（哲学社会科学版），2002（03）：29—31+89.

发展。

　　印度长期以来重视技能教育，倡导科学务实精神。印度在IT产业相关领域的人才教育培训独具特色，全国近3000所中学、1000多所大专院校均开设了不同层次的IT专业课程，人人都懂点IT技术和专业知识，同时印度大多数的软件人才都经历过职业化、专业化的技术培训。印度重视依靠高校、民办职业学院、私营学校、软件企业培训中心或职业教育部门等，加强对IT人才的专业培训和技能教育，倡导科学务实精神，以较强的务实、实践能力提高创新竞争力。

　　印度已经形成了印度理工学院居于顶端，各大学居中，国家信息技术学院居于底层的金字塔式的人才培养体系，每年为印度培养大量的软件设计人员约1.78万人。数以百万计的软件人才大军、注重实践和务实的创新教育，为印度IT产业发展提供了强大的实用型、技能型人才支撑，也为班加罗尔IT产业、服务外包产业等的创新发展提供了丰富的人才资源。

第四节　中国台湾新竹：吸引海归，东西融合

新竹科学工业园位于中国台湾境内，与中国大陆文化相近，具有可比性。新竹科学工业园在亚洲发展中国家或地区中率先取得成功，蜚声岛内外，有台湾"硅谷"之称，在世界科技园区中具有一定的影响力。该工业园区建于1980年，位于台湾台北市西南约80公里，有新竹、竹南、铜锣、龙潭、宜兰和新竹生物医药园区等6个园区，总开发面积约1400公顷。据1995年的统计资料，新竹科学工业园区生产的PC产量在世界排名第三，世界市场占有率为10%[1]。新竹科学工业园已经形成集成电路、电脑及周边产业、通信、光电、精密机械、生物技术六大产业，成为台湾高科技产业基地，为台湾产业创新发展与转型升级做出了巨大贡献，被称为"会下金蛋的母鸡"[2]。新竹科学工业园创新经验表现在以下几个方面。

一、积极吸引海归创新创业，"复制硅谷"优化园区环境

新竹科学工业园的发展离不开高技术人才。为吸引并留住高技术的海归人才，新竹科学工业园效仿硅谷模式，可以说是美国"硅谷"的翻版。20世纪70年代末，台湾当局为振兴经济、加快转型发展，力求改变以轻工业为主的产业结构，比较美国硅谷、马萨诸塞州国道以及日本筑波等高科技园区发展模式，最终决定参考硅谷模式发展。新竹科学工业园充分听取了硅谷创始人之一的斯坦福大学教授特曼建议，新竹科学工业园应像硅谷曾经从东海岸吸引工程师一样，吸引移居美国的台湾工程师创业。此建议得到采纳，新竹与硅谷建立了紧密的联系，并采取一系列的人才引进政策。

---

[1] 钟坚.台湾新竹科学工业园区的特色与启示[J].深圳大学学报（人文社会科学版），1997（04）：26—32.

[2] 夏金文.台湾新竹科学工业园成功模式探寻[J].中国高新区，2012（03）：124—125.

园区企业实行高薪或增加员工持股等激励政策，吸引海归人才来新竹创新创业。为了吸引在硅谷的"海归"人才回台，新竹科学工业园到硅谷邀请一批工程师和科学家回台湾参观，并报销往返交通住宿等相关费用；还派规划设计师到硅谷考察，效仿硅谷社区模式和建筑风格，在新竹"复制"硅谷生活区，吸引硅谷人才及家属来新竹发展，营造与硅谷媲美的生活工作环境。新竹科学工业园学习并复制硅谷模式，建立了与硅谷相似的创新环境，连建筑风格都接近，吸引了大批海归人才到新竹发展。这些人才创立大量的高科技公司。大量的拥有高技术的台湾地区IT人才从美国硅谷带着技术、经验和合同进驻新竹科学工业园，使新竹成为"东亚地区最成功的硅谷"。

制订了政府支持计划，鼓励海归人才创新创业。新竹科学工业园管理局规定，经筛选合格的海归项目注册资本的50%以内可由管理局投资，最高限额为500万新台币，并规定项目成功后政府股份退出，即使项目失败政府也不予追究。这一鼓励政策大大增强了海归人才创新创业信心，消除了后顾之忧。新竹科学工业园的海归人才所创立的公司占整个园区企业的40%以上。20世纪60年代开始，大批来自台湾地区的留学生进入美国硅谷学习和工作，后来在台湾当局人才政策的吸引下，又纷纷回到台湾创业。在新竹科学园区员工中，海外留学人员就有4000多人，由海外留学人员参与建立的园区公司有123家。目前，大约有9万名员工在新竹科学工业园工作，员工平均年龄只有32岁，拥有大学以上学历者占到近40%，拥有硕士、博士学历的人超过20%。到2001年年底，新竹科学工业园吸引岛内外投资8590亿元新台币。1980年，新竹科学工业园的产值只有777亿元台币左右。2000年，新竹科学园区总产值达到了9293亿元新台币。新竹科学园区的人均产值是台湾地区制造业人均产值的2.5倍。在新竹科学园区30多年发展中，海外留学回台人员扮演了重要的角色。新竹科学工业园管理局还积极引进全球知名跨国企业进入，制定了5年免税的优惠政策，并对新创企业提供资金，给未上市的公司股票提供灰色市场，并建立了创新创业的风险基金。新竹科学工业园通过建立"复制硅谷"的创新创业氛围,为激励海归的创新创业活动,允许创业者、技术人员参与公司持股,而且创业者的控股比例甚至高于硅谷的某些风投项目。这些政策的出台大大增加了海归人才进入新竹创新创业的吸引力。由于吸引了大量的海归创业者,这些人才在国际产业界具有很强的人脉,与硅谷联系紧密,为新竹科学工业园的创新发展带来了丰富的产业资源,更好地融入全球产业链,主动参与国际产业分工合作。

二、制定优惠政策鼓励研发,建立"单一窗口"园区服务体系

新竹科学园区在复制硅谷和吸引海归人才的基础上,重视政府政策的扶持作用。建立了以企业为主体、以政府为主导的创新服务体制,为园区企业创新发展构建良好的文化环境。新竹园区管理者和企业重视科技研发,投资巨大的资金和人力进入研发体系中,建立高校、企业、政府等多方合作的创新体系。园区管理局实施《科学工业园区固本精进计划》,每年投入巨额的扶持资金用于产学研的创新合作,进行前瞻性的技术研发。2003年,园区企业投入589亿元新台币(约17.5亿美元)的研发经费,占销售收入的6.9%。园区管理局每年对创新技术研究发展计划的资助占到计划总额的20%以上。2004年资助园区36家企业的39个项目,资助总额达1.06亿元新台币。园区管理局设立了大量的科技奖项和科技基金,鼓励园区企业和创新创业者加大研发投入,不断加强产品创新和质量提升。新竹科学工业园管理局每年组织评选创新产品奖、研发成效奖,提供"科技园区创新技术研究发展计划奖"和"研究开发关键零组件及产品计划奖"等。为鼓励企业创新和科技研发,园区重视知识产权保护,为企业研发申请各项专利提供支持。

台湾地区制定一系列优惠政策,建立"单一窗口"园区服务体系,促进新竹科技园区发展。为吸引更多高科技公司进入新竹投资设厂,通过优惠政策吸引和高质量的园区服务,着力打造"优惠便利"

的高科技企业特区。为加快园区规模扩大和创新发展，台湾地区有关管理部门通过放松管制、完善服务，对人区厂商审核与管理更加宽松，构建良好的营商环境。1998年，台湾当局建设南部台南科学工业园区，面积约6.38平方公里。1999年，新竹科学工业园区开始第四期土地开发。台湾地方政府转变发展战略，更加重视新竹科学工业园的科技创新，倡导研发设计类产业发展，进一步提升新竹科学园在研发设计、人才培训等方面的竞争优势。台湾大力支持新竹科学工业园内的产业技术研究院、台湾"清华大学"、台湾交通大学等知名大学和科研院所发展，通过资金资助、优惠政策等多种措施竭力扶持这些研究机构，形成新竹科学园区最重要的技术创新源、新企业衍生的母体，构建园区对外联系网络，鼓励"国立研究机构"与企业建立密切的联系，如对产业技术研究院所属的微电子研究与服务组织提供资金，并鼓励企业通过市场机制和技术交易获取利润。新竹科学园通过制定优惠政策，吸引海外留学生回来创业，这些创业者有硅谷5～10年的工作经验和人脉资源，与硅谷在学术上、业务上、产业上有千丝万缕的关系，为将新竹科学工业园打造成世界高新技术源地提供强大支撑。这些创新发展和人才吸引离不开当地政府部门所形成的重视科技研发、实施优惠政策的文化支撑。

三、改善创业者生活环境，实现"园区公园化"

新竹科学工业园为营造良好的科技创新环境，重视科技人员生活环境改善。为了满足园区内各类创新创业人员工作、生活、居住等需要，新竹科学园建立了住宅区、休闲娱乐区等，这些生活区依静心湖畔而建，配有游泳池、高尔夫练习场、餐厅、公园和科技生活馆等各项休闲设施，并完善各种创新和生活服务体系，形成宜居宜业的生产生活环境，形成了"园区公园化"的创新服务理念。新竹科学公园建园时就规划"园区公园化"的目标，注重研发、生产、生活、生态一体化发展，塑造花园式的研发、生产与生活空间。新竹科学工业园配套建设医院、邮局、海关、银行、车站以及大面积的园林绿化等，注重生态建设，绿树成荫，环境宜人，如同大公园。园区管理局修建污水处理厂，加强环境品质监测和生态改善，鼓励生产企业重视废弃物的回收和循环利用，实现园区的绿色低碳发展。

园区管理局重视社区建设和邻里互动，改善公共设施如道路、路灯、民众活动设施、社区景观工程等，营造良好的人文气氛。为吸引海外学子举家回台并安心工作，新竹科学工业园建设了实验学校，规模较大，师资力量强大，设有高中部、初中部、小学部、幼儿园和双语部等，满足创新创业者和园区工作人员的子女入学需求。加强对园区物业管控，特别是为防止园区房价过高和转租转卖导致创业者租房成本太高，采取了房子只租不售或为创业者提供优惠租房政策，大大地降低创新创业者的生活成本，推动园区的新陈代谢、企业更替与创新发展。台湾当局重视新竹科学园的基础设施建设，为园区创新创业者提供良好的研发、生产生活设施与条件，为园区所有企业提供高效率的行政服务，吸引并留住了大批高科技人才。

第五节　中关村创新文化与世界知名
科技园区的比较与启示

他山之石，可以攻玉。美国硅谷、以色列海法、印度班加罗尔、中国台湾新竹等世界知名园区经过多年来的创新发展，为包括中国在内的国家和地区提供了重要的经验借鉴。特别是硅谷从20世纪60年代崛起开始，已成为全球技术革命发源地和成果的世界高科技园区象征，许多国家纷纷效仿，建立了形形色色的各类科技园区。中关村在发展之初主要是借鉴和学习硅谷模式，无论从技术、人才还是文化理念、创新精神等方面均大胆学习和模仿，并在党和国家的坚强领导下，坚持学习与自主创新并举，由跟跑、并跑并在某些领域实现领跑，成就了今天的中关村。基于文化视角的比较，一方面，中关村创新与世界知名科技园区在创新理念、创新精神等方面有许多相似之处，值得总结。另一方面，包括中关村在内的世界各国园区结合自身的实际情况进行创新，形成了独具特色的园区模式。通过比较，吸收世界知名园区创新发展的成功经验和先进理念，为包括中关村在内的中国科技园区持续创新、高质量发展提供重要启示。

一、尊重市场主体地位，弘扬创新创业精神

创新是引领发展的第一动力，是建设现代化经济体系的战略支撑。党的十九届五中全会明确指出，坚持创新在我国现代化建设全局中的核心地位。立足新发展阶段，贯彻新发展理念，构建新发展格局，中国科技园区的创新发展应面向世界科技前沿、面向经济主战场、面向国家重大需求、面向人民生命健康，加快建立以企业为主体、市场为导向、产学研深度融合的技术创新体系。强化市场主体作用是世界知名科技园区创新的重要特征，也是重要内容。尊重并强化市场主体作用，培育并激活市场主体的创新精神，进而提升创新能力和科技竞争力，是深入实施创新驱动发展战略、建设世界科技强国的

必然举措。推动创新，必须建立以企业为主体、以市场为导向的体制机制，强化企业在创新中的主体地位。尊重市场主体的作用，一方面离不开政府的"有所为、有所不为"的服务理念，另一方面也正是政府的"有所不为"和充分尊重市场主体作用，确保市场主体在资源配置中充分发挥的决定性作用，进而推动企业创新发展壮大，这是决定科技园区创新成功与否、创新是否持续推进的关键所在。这些世界知名科技园区的共同特征，主要表现为尊重市场主体地位、宽容失败的创业精神。

（一）尊重市场主体地位

世界知名科技园区的创立与发展，在很大程度上归因于有创新精神的科学家或企业家希望将科技创新的成果进行产业化、市场化，即服务和满足某些市场需求，也实现科技造福社会。以硅谷为例，市场主体包括进入市场、参与市场活动的企业、科学家、科研人员、投资者等。这些主体基于共同的利益需求而进入园区，形成了自由流动、尊重科学、尊重创新的园区发展环境。政府对科技园区的发展很少直接介入或者过多干预，充分尊重科技园区的市场主体地位，尊重市场规律、倡导自主创新、自由竞争，依托市场机制、市场竞争促进园区创新发展。

尊重市场主体地位，不意味着不需要政府适当的政策扶持与引导。科技园区的主管部门在尊重市场主体地位的基础上，更多的是创新政策扶持与服务，形成市场主体的自主创新行为与政府主体的创新政策服务的有机结合。如硅谷在发展早期，当地主管部门以顾客身份而不是组织者或管理者身份进入，不进行过多干预，但给硅谷进行国防采购，给当地大学、研究机构进行投资，对科技园区和当地研究机构提供必要的政策和资金扶持。也正是这种尊重市场主体地位、崇尚自主创新的园区环境成就了硅谷。除了硅谷，以色列海法、印度班加罗尔、中国台湾新竹等其他世界知名科技园区也充分表现为尊重市场主体的园区环境。政府部门更多的是提供创新的配套设施和相关服务，转变政府职能和角色，从市场干预转变为制定规则、政策引导、创新服务、市场培育，充分激活市场主体特别是科学家、创新创业者、投资家等的创新积极性和主动性。中关村在发展初期，采取复制硅谷的办法，同样表现为充分尊重市场主体的文化特征，鼓励科学家自由探索、面向市场进行创新创业，推动中关村科技园区的创新发展。

（二）弘扬容忍失败的创业精神

创新或者创业不可能都成功，总有失败者，正是无数次失败造就了成功，正是宽容失败的文化环境、创业氛围，不断激励更多的人参与创新和创业，最终成就了创新创业者梦想，宽容失败的创业精神推动了科技园区的创新发展。在硅谷，几乎每一个人都具有勇于创业、敢于冒险、不断进取的独特思维方式，进入硅谷就意味着勇攀科技高峰、应对市场竞争、不怕创业失败的创业者精神。硅谷宽容失败、鼓励创业的创新经验非常值得学习、研究和借鉴[1]。"失败对人的发展是一种宝贵财富"的理念成为硅谷人普遍认同的创业哲学。勇于创业、宽容失败、崇尚竞争、乐于合作成为硅谷作为世界知名科技园区的独特文化精神。频繁的人才流动、自由的创业体制、容忍失败的宽松环境以及分散的决策过程，成为硅谷创业的精髓。硅谷最初的产业雏形是半导体工业，先后经历了"国防工业""集成电路""个人电脑""因特网"等发展阶段，在每个发展转型过程中，每个市场主体都经历过创新创业的无数次阵痛、失败，最后走向成功。正是在失败中不断积累经验、调整方向，从失败中学习，孕育着硅谷企业走向成功的种子。

硅谷宽容失败和鼓励创新的相互作用，成就了硅谷人根深蒂固的创新创业精神。在硅谷，一名员工在技术上或业务发展方向上与企业

---

[1] 李仁武.以创新文化建设助推战略性新兴产业发展——基于硅谷经验和广州实践的分析和思考[J].探求，2018（02）：21—28.

决策者产生分歧并无法妥协时，往往另起炉灶、自主创业，待成功后又与原先的企业雇主合作，甚至得到其风险投资。正是这种崇尚自由竞争、平等交流、宽容失败的创业理念，使硅谷成为创业者的天堂、冒险家的乐园。硅谷地区的人们对新生事物采取极大的宽容、包容态度，美国政府对中小企业采取积极的扶持政策，形成不断激发创新活力的文化氛围，从培育创新机制、集聚创新人才、吸引风投资本、放大创新效应等方面形成有全球吸引力和影响力的宝贵文化生态，这些均是硅谷一直被学习也不断被模仿但目前从未被超越或取代的重要原因。

以色列海法科技园区同样具有宽容失败、鼓励创新创业的文化氛围。当地人们有了好的创意和创新构想，被鼓励进入园区创业，政府给创业者初创资金的投资，如果失败不需要归还政府，这极大地鼓励更多的创业者参与创新创业。印度班加罗尔园区鼓励冒险、宽容失败，倡导敢于冒险才能创造新事物、乐于宽容才能培育新动力，在吸引留学人才、鼓励服务外包、主动融入全球产业链等方面发挥重要作用。中国台湾新竹科技园区"复制硅谷"创新模式，吸引并留住海归人才，采取鼓励创新创业、宽容失败的政策措施。

比较和借鉴世界知名科技园区创新经验，应加快培育鼓励创新、宽容失败的文化氛围。当前，我国还一定程度地存在"赢者通吃""胜者为王、败者为寇""只许成功、不许失败"等文化因素，阻碍了创新创业者步伐，鼓励创新、宽容失败的文化环境需要加强培育。许多企业家、创业者因担心创新成本高、风险大，一旦失败则前功尽弃，受多种因素影响，不敢创业、害怕失败，创新动力不足，创新氛围不够，影响了国家创新驱动发展战略实施。应更好地发挥政府"有形之手"和市场"无形之手"的互动作用，不断创新机制，改进制度设计，整合政府、企业、金融、社会资本等多方面力量，优化科技创新政策，积极参与企业创新创业过程，降低创新创业成本，完善社会保障体系，减少和规避创新风险，并给予宽容失败的政策支持，不断谱写新时代社会主义经济高质量发展的新篇章。

二、积极吸引创新人才,整合全球优质资源

习近平总书记指出,创新的事业呼唤创新的人才。推动科技自立自强,实现中华民族伟大复兴梦需要大量的科技创新人才。要在科技创新方面走在世界前列,必须在创新实践中发现人才、在创新活动中培育人才、在创新事业中凝聚人才。世界知名科技园区的创新发展,无不是将创新人才放在科技创新最优先的位置,采取多种措施大胆引进人才,积极吸引人才,集聚全球优质创新资源为我所用。立足新发展阶段,实施创新驱动战略,加强建设社会主义现代化强国,必须改革人才培养、引进、使用等机制,不拘一格吸引创新人才,秉持科技是第一生产力、人才是第一资源的理念,兼收并蓄,吸取国际先进经验,为留学人员回国工作、为国服务创造良好环境,为各类人才发挥作用、施展才华提供更加广阔的天地,吸引更多海外创新人才,努力造就一批世界水平的科学家、科技领军人才、工程师和高水平创新团队,以创新人才为支撑加快建设世界科技强国。

(一)不拘一格吸引全球优秀人才

美国硅谷、以色列海法、印度班加罗尔以及中国台湾新竹的科技园区共同的特点是具有不拘一格海纳百川、吸引全球优秀人才进入的创新环境。比如,硅谷创造了国际化的人才环境,打造精于高技术、经验丰富的人才库,建立完善的人才服务体系,为科技创新带来了勃勃生机,这些创新经验对加快我国高新技术园区建设具有很好的借鉴作用[1]。硅谷不仅集聚了大量来自全球各地的创新企业、高技术和丰富的资金,更加重视会聚世界各地具有不同文化背景、不同技术才能的优秀人才,打造世界著名的高新技术产业集群地区。印度班加罗尔重视留学生回归,形成鼓励创新创业的创新人才文化,印度政府制定人才吸引、税收减免、财政扶持等优惠政策,

---

[1] 王志章,严方超.美国硅谷 高新产业发展中的创新文化[J].青海科技,2016(06):68—71.

吸引更多的海归、高级人才进入IT及相关的服务行业，降低人才使用成本和人才创新创业成本。新竹复制硅谷的人才服务文化，重视来自硅谷等的海归人才回台创业，移民文化是新竹园区创新的重要内容。归台的海外留学人才中，有很多是在美国硅谷长期任职的工程师。如园区管理局首任局长何宜慈博士毕业于斯坦福大学，曾在波音公司等知名企业担任过工程师或经理职务。工业技术研究院的6000人中有800人是海外学成归来的。这些海外留学人员回归带来了先进理念、技术和管理方法，为新竹科技工业园的创新发展奠定了基础。

（二）整合世界各类创新资源要素

硅谷等世界知名科技园区不仅重视吸引创新人才，更重视整合全球创新资源要素，形成开放包容发展的文化环境。美国硅谷、印度班加罗尔、以色列海法、中国台湾新竹等科技园区重视资源整合与产学研互动，建立长效机制促进大学、科研院所、政府、各类社会组织、服务机构等多主体、全方位的紧密联系，为科技创新及其成果转化搭建平台，形成有利于创新创业的园区环境。硅谷除了拥有美国一流的斯坦福大学、加州大学伯克利分校等著名研究型大学外，还有多所专科学校和技工学校以及100多所私立专业学校。这些学校特别注重新理论、新结构、新工艺的研发，与企业共同建立研究所，彼此之间联系紧密。斯坦福大学通过制订产业联盟计划，促进研究人员、院系之间以及大学与外部企业的合作，这种合作精神和开放包容的文化理念促进硅谷不断走向创新潮头和发展高地。

以色列海法Matam科技工业园则重视大学、政府、企业以及风险投资公司之间的合作，整合海内外的资源。比如，以色列初创企业中，84%的风险投资来自外国资金，主要是美国。海法Matam科技工业园还重视大学、研究院所、企业之间的合作创新。印度班加罗尔科技园区则吸引全球高科技产业进入，整合全球创新资源，专注服务外包业务，主动融入全球产业链，如吸引国际软件和高科技公司在班加罗尔开展服务外包业务，设立研发中心，加强知识、技术等服务外包内容的拓展，不断提高知识创新水平。

班加罗尔的研究机构在航天、计算机等高科技领域与俄罗斯、美国、欧洲的科研机构以及联合国的有关组织保持密切的合作关系，和许多机构有双边和多边合作，充分利用国外的技术成果和资金援助[1]。新竹科技园区则重视科技创新与合作共赢，整合创新资源要素，营造官产研学一体化的科技创新网络。台湾当局为园区技术创新发挥着重要的指导与支持作用，如在园区内，设立"行政院"同步辐射中心、精密仪器发展中心等实验室，为园区企业提供高级科技人才培训，参与高技术产品开发，不断地辅导和衍生有竞争力的企业[2]。台湾新竹通过创新资源要素的整合，推动科技园区的跨越发展。

比较和借鉴世界知名科技园区的创新经验，中关村复制硅谷模式，树立开放发展的创新理念，不断吸引海外人才，整合全球创新资源要素，建立官产学研合作创新体系，以一区多园、总部—分支等模式拓展创新链和产业链，实现高质量发展。服务于中国制造转变为中国"智造"、中国"创造"，要大力吸引和培育高技能、高技术的创新人才队伍，坚定创新超越、产业报国的远大志向，坚定不移地走中国特色自主创新道路，培养和吸引人才，推动科技自立自强，推动科技和经济紧密结合，真正把创新驱动发展战略落到实处。习近平总书记指出，科学技术是世界性的、时代性的，发展科学技术必须具有全球视野、把握时代脉搏。借鉴硅谷等科技园区创新发展经验，要最大限度地调动科技人才创新积极性，尊重科技人才创新自主权，知人善任、人尽其才，大力营造勇于创新、鼓励成功、宽容失败的社会氛围，集聚全球科技创新资源，提高原始创新、集成创新和引进消化吸

---

[1] 严正.班加罗尔与印度的软件业[J].福建师范大学学报（哲学社会科学版），2002（03）：29—31+89.

[2] 唐礼智.硅谷模式的模仿与创新——以新竹和班加罗尔为例[J].城市问题，2007（10）：91—95.

收再创新能力，促进科技和经济深度融合，加强建设新时代的全球科技创新高地。

三、不断降低创业成本，完善创新服务体系

（一）制定扶持政策，降低创新创业成本

对于创新创业者而言，初创期的成本和风险都比较高。硅谷、班加罗尔、新竹以及海法等科技园区始终从降低创新成本、营造文化环境入手，为创新创业者提供优质服务，进而为创新创业铺平道路。硅谷作为市场主导型的创新发展模式，在弘扬自由探索精神、尊重企业自主创新地位等方面造就了硅谷的辉煌，政府不过多过分干预市场行为，更多的是服务和政策扶持。而班加罗尔、新竹以及海法等科技园区采取的是政府推动或主导型的发展模式，因市场力量还不够强大，在创新能力和初创企业都比较弱的基础上，政府主导也不是行政干预或乱作为，而是结合园区发展的实际需要制定创新激励政策和扶持政策，从而使初创企业渡过难关，降低风险和成本得以发展壮大。因此，推动科技园区的创新发展，要正确处理政府力量与市场力量之间的"度"，既要充分发挥政府的引导作用，又不能牺牲个体的自治和灵活性。

比较世界知名科技园区创新经验，应依托政府"有形之手"和市场"无形之手"的相互作用，更加尊重市场规律和发挥市场作用，政府通过制定鼓励创新政策、改善基础设施、完善公共服务、改善营商环境，进而营造有利于创新创业者发展的创新生态环境和文化氛围，实现科技园区的创新发展。我国加快实施创新驱动发展战略，需要制定更加科学的创新政策，支持打造"双创"平台，需要深化"放管服"改革，完善股权、薪酬等激励机制，激发市场主体活力，不断降低创新创业成本。推动大中小企业融通发展，促进各类企业协同创新，引导金融机构降低小微企业融资实际利率和综合成本等。

（二）完善科技创新服务体系

世界知名科技园区的创新发展均建立完善的创新服务体系。围绕科技创新的各方面服务功能完善，系统有效的服务、高度专业化的服务机制推动了硅谷技术创新，极大地成就了创新创业者。创新服务体系的建立延长了创新过程，加强了创新的分工与合作，降低了创新风险与成本，也促进了各方面创新知识与资源的共享，大大地提升了园区的创新能力和创新氛围。如硅谷是一个集工程师、电子公司、专家顾问、风险投资和基础设施供应商为一身的庞大专业协作体系和技术服务社会。硅谷创新中包含了创新服务理念及其人文精神，硅谷创新中的各方面服务内涵丰富，种类繁多，门类齐全，机制灵活，主要包括金融服务、信息中介服务、商业服务、生活服务、人力资源服务等，为硅谷鼓励创新、包容失败、创新成果转化、风险投资和创新人才的成长构建了良好的文化环境。特别是硅谷等重视风险投资的机制构建，吸引风险资本参与科技创新，实现技术与资本的完美结合，极大地降低了创新创业成本，形成高科技产业创新的强大动力。大量风险资本介入为创新创业提供了强大的资金和智力支持[1]。

以色列海法科技园区也重视风险投资氛围的培育，加强创新教育服务、法律咨询、中介服务、商业服务等多方面的功能完善，为创新提供良好的发展环境。中国台湾新竹科技园区围绕创新建立了"园区公园化"的创新服务环境。不仅为科技人员提供创新创业方面的服务，还为其生活、居住提供住宅、休闲娱乐、餐厅、孩子就学等完善的服务体系，降低了创新创业者的工作和生活成本。

比较和借鉴世界知名科技园区创新经验，中关村科技园区也非常重视创新服务体系建设，重视创新创业环境的营造和改造。中关村借鉴硅谷经验，从技术、资本、人才、政策、生活等各方面打造完善创新服务平台，营造良好的创新创业生态体系。在我国科技园区建设

---

[1] 姚芳.硅谷、新竹发展模式之异同[J].创新科技，2008（08）：22—23.

中，还需要进一步完善创新服务体系。如我国风险投资体系还不够完善，有关风险投资和产权交易的法律法规尚未健全，风险投资缺乏有效的退出渠道，为创新创业提供服务的各类中介服务机构还不够强大，在服务理念、服务机制以及自我"造血"功能等方面还存在缺陷。借鉴世界知名科技园区在创新服务体系建设方面的成功经验，需要重视各类创新服务机构和组织的建设与培育，加快建立完善的风险投资、信息服务、法律咨询等机制，建立健全相关法律法规体系，真正为提升科技园区创新链、价值链提供重要支撑。

四、弘扬务实创新理念，培育现代工匠精神

改革开放以来，我国制造业快速发展，综合实力和国际竞争力显著增强，但仍存在大而不强、科技创新能力较弱、缺乏务实和工匠精神等诸多问题。当前，我国经济已由高速增长阶段转向高质量发展阶段，特别需要传承和培育脚踏实地、刻苦钻研的务实精神和工匠精神。工匠精神是一种严谨认真、精益求精、追求完美的精神，是现代制造业高质量发展不可或缺的重要文化基因。工匠精神表现为注重细节、精雕细琢、追求完美、与时俱进、勇于创新。

要弘扬务实的创新理念和现代工匠精神，做到创新创业不浮躁、不盲目、不投机。党的十八大以来，习近平总书记多次强调要弘扬工匠精神。党的十九大报告提出"弘扬劳模精神和工匠精神"。创新创业是面向市场需求与激烈的市场竞争环境，来不得半点虚假和浮躁，必须有实实在在的硬核技术和创新能力，构建务实、精细、创新的企业文化。目前，许多科技园区缺乏硬科技、过硬的创新能力，在许多核心技术领域被"卡脖子"。工匠精神要求创新创业者必须学习工匠几十年如一日精于业务和技能提升，长期聚焦于自己的研究方向，对技术和产品不断精雕细刻、精益求精，进而在全国市场乃至全球市场经得起考验，拥有自身的核心竞争力。苹果公司一直被模仿但从未被超越的根本原因在于，长期以来致力于核心技术开发和创新，不断深耕细作、推陈出新、创造奇迹。乔布斯被称为"科技史上最伟大的

革新者"，是美国致力于不断创新的企业家代表。硅谷的成功正是有许多科技精英成为企业家，凭借其创新精神成为引领全球创新的主导力量。

以色列海法科技工业园区不仅有重视创新教育的文化传统，而且鼓励创新创业者务实，工作精细、做事认真，脚踏实地强化科技创新，积极发展职业技术教育，培养具有创新精神的职业技能高手。印度班加罗尔则注重服务外包领域的创新发展，精于技术提升，依托创新实现外包业务从呼叫中心、数据录入和售后服务等价值链低端领域不断向市场分析、研发咨询、工程设计、法律顾问、专利申请等价值链高端环节转移，在软件开发、信息系统等领域加强技术创新。

比较和借鉴世界知名园区的创新经验，要注重弘扬务实的工匠精神和创新精神。要坚持务实、精细的创新理念，打造科学家、企业家、投资家等创新创业的重要摇篮和精神家园，形成鼓励创新、宽容失败、合作共赢等有利于创业者发展的文化氛围，构建风险投资、股票期权、知识产权保护、"加速器"、"孵化器"等有利于企业和企业家成长的创新机制。现代工匠精神是推动企业发展由传统的代加工导向转到技术创新导向的动力源，必须重视企业家的工匠精神和创新创业精神。这种工匠精神的创新功能在于为人们提供务实和创新的思想指引与价值判断，激发全社会的创新创造活力，为建设创新型科技园区、创新型国家提供精神动力和文化支撑。

新时代中国科技园区的创新发展，以开放包容的创新文化理念，充分吸收和借鉴世界其他知名园区的先进经验。如弘扬务实的工匠精神，加快培育现代工匠的企业文化，把具有务实精神和创新意识的企业文化转化为推动企业自主创新、精于业务和技能、提升核心竞争力的直接动力。与此同时，建设新时代的中国科技园区创新文化，要在充分学习和借鉴世界其他科技园区经验的基础上，始终坚持中国共产党的坚强领导，始终坚持以人民为中心的发展理念，始终坚持新发展理念，坚持走自主创新、科技自立自强道路，弘扬社会主义集中力量办大事的制度优势与文化自信。坚持自主创新与开放创新相融合，坚持引进来与走出去相协同，主动参与全球科技治理体系，增强科技创新国际话语权。加快构建鼓励创新、支持创新、分享创新的文化氛围，实施国家创新驱动战略，由中国制造走向中国创造，将科技园区打造为全球科技创新的策源地、新引擎，谱写新发展阶段中国经济高质量发展、创新开放发展的新篇章。

第六章

中关村创新文化的未来与展望

放眼世界，科技对经济、政治等各领域的影响日渐深远，科技创新一方面呼唤世界各国更为密切地合作，一方面也加剧了各国在经济等其他领域的竞争，全球化与逆全球化力量交织角力，国际局势发展面临诸多不确定因素。特别是2020年年初以来，随着新冠肺炎疫情在全球范围内的暴发，国际政治、经济、军事格局被推到了巨变的十字路口。尤其值得注意的是，此次疫情中数字技术在防疫、抗疫方面发挥了重要作用，一方面加快了数字技术与数字经济在全球的发展进程，另一方面也让前沿领域的科技竞争更为激烈。科技作为国家发展的"发动机"，在国际竞争中处于无可替代的重要地位。科技创新一方面成为我国争取占领新一轮科技革命产业变革制高点的关键，另一方面也是我国加强国际协作、弥合逆全球化潜流带来的可能分裂的重要力量。作为中国科技创新"排头兵"的中关村，必将在其中肩负重任。毋庸置疑，作为呼吸所必需的"空气"，文化的传承、更新与融合对科学创新具有重大影响，科学的创新归根结底要追溯到文化的创新。要实现科学创新，必须把培育创新文化作为前提。中关村作为全球最具创新活力和发展潜力的创新中心之一，要以创新文化为纽带，以更为开放包容的胸怀融入国际科技创新的网络中来。站在新的发展起点上，中关村在国家战略实施、首都城市战略定位落实、高精尖经济结构构建和先行先试改革深化等方面肩负起更多更光荣的使命。中关村不仅仅是北京的中关村，还是全国的中关村，更是世界的中关村。肩负使命的中关村要构筑文化优势，增强科技文化自信，把创新文化变成科技创新的活水源头。在新时代，为我国创新型国家建设和实现中华民族伟大复兴贡献应有的力量。

第一节 大力弘扬中关村创新精神，凝聚创新向心力

意识决定行动，而创新文化氛围的形成是科技创新发展的必要条件。要想形成创新文化，首要的任务是弘扬创新精神。而创新精神的培育要从增强创新意识着手，进而推进思想教育、管理体制、运行机制以及工作方法的创新，为加强创新人才培养、促进原始创新和自主创新提供强大的精神力量。创新精神是中关村创新文化的内核与标志。改革开放以来，中关村第一批创业者凭借"敢为人先"的创新精神开启了中关村40年的辉煌，也正是因为拥有这样的创新精神，中关村的创新文化拥有了其独特的精神气质。中关村的创新精神有其丰富的内涵：科技报国的爱国精神是其根本动因，敢为人先的开拓精神和求真务实的科学精神是其发展的坚实保障，而海纳百川的包容精神、勇立潮头的探索精神和百折不挠的创业精神则是其不竭的动力源泉。中关村创新精神是历史的，在不同的历史阶段，中关村人都在创造着属于自己的创新精神；中关村创新精神又是传承的，其核心特征被几代中关村人坚守并逐步发扬光大。正是在创新精神的旗帜下，科技工作者、企业家和政府等多方力量不断凝聚、融合，成为一股蓬勃的创新力量；也正是以创新精神为出发点，中关村的创新文化得以辐射全国，并进一步融入世界。在创新文化的建设中，需大力弘扬中关村创新精神，从回顾历史、立足当下和面向未来三个维度做好中关村创新精神的新老传承，进一步丰富中关村创新精神的时代内涵，在此基础上，凝聚中关村创新精神的核心价值。

一、回顾历史，注重中关村创新精神的新老传承

1980年，第一家民营科技企业在中关村诞生，在面临重重阻力的情况下，党中央肯定了中关村第一代企业将科技与经济相结合的探索之路，极大地激发了广大群众蓄积已久的创业积极性。在这种时代

潮流的推动下，一群志在报国和实现自己人生价值的先进知识分子放弃了科研院所的铁饭碗，甘为"拓荒者"，借助政策东风创办了一大批民营科技企业，誉满全球的中关村电子一条街得以形成。在这种大势所趋的发展环境下，独具特色的中关村创新精神逐步形成。

中关村创新精神先后经历三个发展阶段。首先是改革开放初期的自发形成阶段。一群科研人员心怀"科技报国"理想，凭借"敢为天下先"的勇气，挣脱旧有科研体制的束缚，"下海"创办了民营高科技企业，拉开了中关村科技创业的序幕。这些首先"吃螃蟹"的企业家的开拓精神、"勇于突破、百折不挠"的创业精神，成了中关村最初的创新创业文化的原始基因。此后是融合发展阶段。20世纪90年代，中关村掀起了以海外留学人员回国就业创业为特征的新一轮创业高潮，给中关村带来了更新的创新创业文化理念，进一步推动了中关村创新创业文化的发展。自此，开放包容、鼓励创新的文化氛围日益浓厚。第三个阶段是引导提升阶段。经过最初的政策红利驱动发展、低成本优势驱动发展之后，在"集聚资源、引领发展"理念指导下，中关村的创新创业文化氛围不断增强，创新文化逐步成为中关村创新发展的强劲动力，推动中关村进入了以创新文化引领科技创新发展的新阶段，一波"大众创业、万众创新"的新浪潮汹涌而至。

新时代中关村人需要继承和发展中关村创新精神。进入新时代后，中关村的创新火种渐成燎原之势，点燃了更多人的激情和梦想。今天，以旷视科技创始人印奇、36氪创始人刘成城等为代表，一批"80后""90后"的中关村新生代已经成长起来，他们怀着"科技改变世界"的梦想，勇立世界科技潮头，继承和丰富着中关村的创新精神。在创新精神的不断传承和深化中，中关村的新模式、新企业、新技术才得以如雨后春笋般持续更迭，层出不穷。作为中关村发展的推动者和见证者，老一辈领导者、企业家和科学家为中关村的崛起奠定了坚实的基础，如果没有这些人筚路蓝缕的拓荒精神，就不会有中关村今天的辉煌。作为新一代创业者的榜样，他们成功后又反过来帮助了新生代创业者，他们当中的很多人集企业家、创业导师、投资人和社会工作者四个角色于一身，用自己的行动推动了中关村企业家精神的弘扬和创新创业文化的传承。

世界发展到现阶段，国际局势日益复杂，大国竞争日趋激烈，新一代中关村人要继承和发扬老一代中关村人科技报国的炽热情怀和百折不挠的创新精神，在艰难的国际环境中，依靠中关村的科技优势和集聚优势，担负起祖国科技振兴的伟大使命。

二、立足当下，丰富中关村创新精神的时代内涵

中关村创新精神内涵非常丰富。不同时代、不同的人都会对中关村创新精神有不同的理解，这是一个不断发展、不断补充和不断调整深化的过程。每个时代的每个中关村人都用自身的实践诠释、传承和发展着中关村创新精神。例如，在中关村第一人陈春先身上，我们看到了科研人员在探索科技与经济相结合道路上的勇于开拓、永不言败的坚韧；立足新时代，面对新挑战，新一代中关村人必须进一步丰富创新精神的时代内涵，以完成时代所赋予中关村的新的光荣使命。

民族精神和社会责任感是新时代中关村创新精神不变的底色。鉴于中关村的特殊地位，中关村人深刻地意识到自己肩负的义不容辞的社会责任，意识到自己所肩负的时代责任和民族科技发展的历史责任。中关村不单是海淀区的中关村，也不单是北京的中关村。中关村的许多富有家国情怀和责任担当意识的企业家创办企业不只是为了赚钱，更是要在激烈的国际竞争中为国家争取更多的话语权，为国家的振兴贡献自己的力量。新一代中关村企业家和创业者要心怀科技报国的情怀，树立起更强的社会责任感，凝聚民族向心力，立足于有利于祖国发展、有利于人民福祉这两个根本出发点，通过科技创新推动我国经济实现稳定的、高质量的发展。

互助、合作精神是新时代中关村创新精神的基础。中关村地区的大学、研究所都是国内顶级科研机构，其中不乏世界一流的科研院所。而科研成果要转化为实实在在的生产力，就必须有企业家的参与。企业家要想参与科学研究和与之相关的市场开拓，就必须要有

资本市场的助力。科研工作者、投资人和企业家必须紧密合作，形成目标一致的合力，共同营造形成良好的创新生态，从而加速科研成果转化成为现实的生产力，才能使得科技创新的价值真正得以实现。因此，合作、互助精神对于中关村的科技创新来说至关重要。前期创业成功后，一部分卓有成就的企业家成为天使投资人，利用自己的投资实力帮助后起的创业者，一代又一代新型企业家得以不断涌现，逐步形成了联想系、百度系、小米系等创新企业生态圈，形成了良好的"大手拉小手"的中关村传统发展机制。接下来，中关村人要继续遵循这种良好机制，让合作、互助精神成为新时代中关村创新精神的基本遵循。

兼容并包的开放精神是新时代中关村创新精神的重要原则。中关村文化圈有一个非常重要的组成部分——移民文化，对移民文化的尊重与弘扬是各类人才在中关村大显身手的重要保障。中关村创业成员大多来自于全国各地乃至世界各地，中关村以海纳百川的胸怀和魄力吸纳了这些人才，并为他们提供了良好的发展条件。发达国家的发展历程早已经证明了移民文化的重要性，中关村的发展更深刻地表明了这一点。可以毫不夸张地说，正是来自于全国各地乃至世界各地的优秀人才创造了中关村今天的光辉成就。现阶段，面对世界上逆全球化趋势抬头的情况，更应该坚持并发扬中关村这种海纳百川的包容精神，以更加开放的姿态构建自己的创新网络并积极融入全球创新网络，让创新文化引领下的科技创新成为连接国与国之间关系的纽带和共同应对逆全球化挑战的有力工具，为构建人类命运共同体而奋斗不息。

三、面向未来，凝聚中关村创新精神的核心价值

中关村发展之初的定位是学习者和跟跑者，目标是打造"中国硅谷"，现在的目标则是凭借领跑者的实力和担当，建设"世界的中关村"。中关村的自信来自于改革开放40多年来的丰富实践，来自于中关村创新文化凝聚起来的强大的精神力量。中关村创新精神中既有百

折不挠的创业精神、追求卓越的创新精神，也有产业报国的奉献精神和唯变不变的改革精神，这些方面涵盖了前后几代中关村人创新精神的丰富内涵，由此也成为中关村创新文化的最具代表性的精神内核。中关村未来的发展，需要围绕这四个方面进一步凝聚中关村创新精神的核心价值。

大力弘扬百折不挠的创业精神。创业精神对于中关村至关重要。一个地区的经济想要快速发展，就必须想方设法地激发大多数人的创业激情。只有通过创业激励激发大家的创业激情，才能"星火燎原"，逐步形成一支强大的创业大军，才能实现区域经济的快速发展。中关村创业大街的崛起正是中关村创业精神的集中体现。中关村第一人陈春先在创业过程中一直面临各种困难和挑战，他先后创办了十几个公司，直到重病身故，仍然没有放弃在创业道路上的探索和尝试。虽然陈春先说自己"办的公司从来都没有搞大过"，但他身上体现出的屡败屡战、锁定目标绝不罢手的创业精神，却鼓舞了无数中关村的创业者。在改革大潮中，正是陈春先等这样一批科研人员和企业家以勇于冒险、敢为人先、敢闯敢试的精神，率先打破了铁饭碗，走出了科研院所的围墙，"下海"创业，为后来的中关村人树立了标杆和榜样。他们的这种精神感染着中关村人，也塑造着中关村人，塑造着中关村的创新文化。"人生能有几回搏"的豪气支撑起了他们"敢为天下先，敢为天下强"的信念，成为推动中关村科技创新的原动力。"百折不挠、永不言败"已经成为中关村精神的脊梁。

聚焦追求卓越的创新精神。"追求卓越"的创新精神是中关村精神大厦的基石。中关村"电子一条街"的发展历程，已经充分地证明了中关村人不但具有创新的需求和创新的基础，更具有创新的能力。追求卓越的创新精神既是中关村发展的必然追求，也是中关村发展的无穷动力。40年来创新文化的积累，造就了中关村强大的资源吸附力，创客大军积聚，高成长企业荟萃，各种科技发展资源碰撞、融合，创新孵化事业勃兴。在中关村，鼓励创新和坦然面对失败已成为一种文化自觉，甚至被政府作为创新驱动和转型发展的关键内容，写入了发展规划。在中关村，创新是永不停歇的常态。中关村的创业者始终看重学习和借鉴，同时更坚持自主创新和原始创新。无论是技术创新、管理创新，还是商业模式创新，甚至创意的想法和尝试，都被鼓励和支持。凭借着追求卓越的创新精神，中关村不仅在硬科技方面产出了大量创新成果，如人工智能、新材料、高性能处理器、5G等，为新经济发展提供支撑；同时，在共享经济、线上经济、积木式创新等商业模式创新、创新要素聚集与创新环境建设等方面也取得了令人瞩目的成就。此外，凭借自己的无可置疑的实力和地位，中关村越来越多地参与到国际技术和服务标准制定中，这也表明了中关村在诸多技术领域从跟跑者向领跑者的角色转换。

继承和发扬产业报国的奉献精神。产业是强国之基，兴国之本。产业报国是中关村发展的根本动因，也是中关村几代企业家为之奋斗的目标。在新时代中国经济迈向高品质发展的历程中，越来越多的民营企业拥有了自主创新的志气和自信，他们花大力气攻克前瞻性技术，抓住新一轮科技革命与产业变革机遇，成为我国科技创新促进产业振兴的重要力量。当前，中关村的新兴产业集群发展非常迅猛，在七大战略新兴产业关键核心技术方面，各领军企业都取得了巨大的成就，比如国科量子通信和大数据研究院机器深度学习和自然语音处理、人工智能芯片等技术。在新时代信息技术发展上，中关村的企业不仅在全国领先，而且在全球细分市场也取得了并跑甚至在某些细分领域领跑的傲人地位。在"中国制造"向"中国创造"转换的关键时期，中关村的创业者需要继续发扬产业报国的奉献精神，从国家和民族的长远发展出发，心怀家国情怀，以逢山开路、遇水架桥的精神和行动，让中关村在中国制造向中国创造的转变进程中继续发挥引领者的作用，让中国创造成为世界舞台上永不褪色的亮丽名片，在新时代谱写国家产业发展的新乐章。

努力坚守"唯变不变"的改革精神。这个世界从来都不曾停止变化，科技发展更是如此。唯变不变的改革精神不仅是中关村创新精神的底色，更是我国改革开放40多年历程的生动写照。是改革创造了中关村并成就了今日的中关村。40多年来，中关村在管理体制改革、企业服务创新和科技体制改革等方面实现了首创性的突破。如果说创新、创业是中关村永恒的主题，那么改革就是筚路蓝缕、披荆斩棘的"第一推动力"。在中关村第一代创业者创办第一批民营科技企业之时，时任海淀区委干部的贾春旺、张福森对这一新生事物给予了充分的肯定和积极支持。此后，胡昭广、王思红、赵慕兰等人从政府角度积极推动了中关村科技园区的发展。可以说，中关村的发展折射出从中央、北京市、海淀区一直到中关村的各级政府和管理者在体制机制方面不断探索、不断改革的服务精神，他们为中关村的科技创新营造了良好的生态环境。在这里，创新创业者们可以放手拼搏，不断试错。可以说，"唯变不变"的改革精神也是中国现阶段所处的这个时代的精神，是中关村能够持续保持创新活力的土壤。今天，巨变正在发生，唯有坚守"唯变不变"的改革精神，中关村才能保持和巩固自己世界科技发展前列的位置。

第二节　建立健全创新文化制度体系，保持创新持久力

创新文化的建设，需要从物质层面、精神层面和制度层面等多方面展开工作，其中最为重要的就是激励创新管理体制、运行机制的建立健全，以及全社会创新观念的形成与增强。同时，也要不断深化体制机制改革，进一步完善创新文化的相关制度，为创新文化发展保驾护航。如果相应的体制机制及必要的制度保证缺失的话，建设创新文化与培养创新人才必然容易流于形式。当下最紧要的任务是继续深化体制机制改革，利用多种方式激发创新意识、优化创新环境并构建起鼓励创新思维和行为的制度体系。还应该建立相应的开放机制、竞争机制与激励机制，充分挖掘创新人才的作用。为此，政府不但要想方设法地调动社会各方参与创新文化建设的积极性，更要树榜样、倡新风，做创新文化建设的倡导者与引路人；更要深入地调整与完善各层级的考核评价体系，为基层的探索和创新行动撑腰鼓劲；在更深层次上转变政府职能，改进传统的管理体制与管理模式，继续推进简政放权，同时要放管结合，进一步优化服务质量，不断地激发各类创新主体的创新积极性，为他们松绑减负并清障搭台。

一、做好顶层设计，确立创新文化建设的总体目标

要依据习近平新时代中国特色社会主义思想来确立中关村创新文化建设总目标，要牢固把握经济全球化和知识经济迅猛发展的时代特色，确定中关村未来应建设什么样的有利于创新的行政文化、企业文化和高校院所文化。不仅要把中关村创新文化建设放在中关村经济发展的高度来认识，更要把它放在人类命运共同体建设和中华民族伟大复兴的高度上来看待。中关村文化建设的远景目标，应当包含人本、创业、创新、学习、开放、竞争、诚信、容忍失败和鼓励冒险等丰富的内涵。此外，中关村创新文化还应该是具有高度凝聚力的文化，是

不断学习的文化，是开放共享的文化，是包容的文化与生态的文化。在2018年12月召开的改革开放40周年庆祝大会上，习近平总书记对我国文化制度建设的总目标提出新要求：我们应该继续加强文化领域的制度建设，举旗帜，聚民心，育新人，兴文化，展形象，积极培育和践行社会主义核心价值观，推动中华民族优秀传统文化创造性转化与创新性发展，发展先进文化，传承革命文化，努力创造光耀时代、光耀世界的中华文化。结合现阶段中关村在科技创新领域起到的重要作用和肩负的光荣使命，中关村创新文化建设的总目标可概括为以下几个方面。

发挥企业在创新文化建设上的主体作用，构筑敢于拼搏、锐意进取、诚信敬业的企业创新文化。企业作为创新文化建设主体，其持续创新的能力是中关村持续发展的重要基础。企业创新文化是鼓励冒险和尝试、不惧失败的文化，良好的企业文化能够激发员工的积极性和创新活力，使企业快速、健康地发展。要建设企业创新文化，常从以下四方面入手。第一，必须依据企业总体发展方向确定企业的总体目标，以此凝聚员工的向心力。第二，要通过发行企业内刊、举办专题沙龙等文化建设方式，将企业上下各级融合在一起，促进内部交流协作。第三，必须构建有利于创新的内部协作、沟通机制，营造积极向上的创新文化交流氛围。第四，依据企业所处领域，密切关注相关产业发展趋势，积极开展区域合作和国际合作，形成开放式创新、创业的创新机制。

注重科研院所在创新文化建设中的龙头作用，构建立足前沿、开放协作、勇于尝试的科研创新文化。中关村科研院所是我国科教资源最为丰富的地方，在科技创新方面为中关村的企业提供了取之不尽的创新动能。作为中关村的重要组成部分，高校、科研院所拥有的丰富的科技成果和人力资源，是支持中关村持续高速发展的基础，是中关村创新文化建设的重要力量。首先，要从产学研合作理念出发，从宏观层面建构区域创新协作网络。其次，通过加强大学科技园孵化和产业发展功能，开放实验室，合作设立新型产业技术研究院、技术转移中心等方式，打破之前科研与产业之间的隔阂与壁垒，进一步加快科研成果转化为实际生产力的速度，让创新成果尽快落地。再次，建立鼓励创新、有利创新的制度环境，利用好"京十条"等相关政策，依据各高校和科研院所实际情况，将科技成果转化收益分配等相关激励政策落到实处，促进创新成果快速转化。最后，举办各种类型的创新创业活动，引导学生更加积极地参与到创新创业活动中来，全方位营造出浓厚的创新创业文化氛围。

强化政府管理部门在创新文化建设中的保障作用，构建以人为本、兼容并包、与时俱进的行政创新文化。在中关村创新发展历程中，政府起到了非常关键的保障和引领作用，特别是在一些关键节点上，政府的作用往往是决定性的。比如，在中关村电子一条街刚刚形成的时候，海淀区政府和北京市科协就为其提供了大力支持，为参与其中的科技企业发展壮大提供了机会，之后是中央的肯定和政策支持让电子一条街走向繁荣。此后，海淀区政府提出倾全区之力打造中关村，建立了以服务企业创新为目标的中关村管委会，实施各项先行先试政策，着力打造中关村自己的创新品牌，简化办事手续，提高办事效率，推行一站式服务，为企业发展和创新营造了良好的生态环境。要形成良好的创新文化，首先，要继续加强政府同市场的良性互动，"创新共治"，充分地发挥市场在创新中的决定作用，力争形成以创业为中心、以市场竞争为基础的适宜企业快速发展的创新生态环境。其次，以服务为宗旨，继续深化服务型政府建设，继续出台各项先行先试政策，通过优惠政策、人才引进政策、高精尖产业发展政策等，引导有利于创新的各种要素聚集、融合。再次，继续简政放权，加强科研院所、企业等创新主体之间的合作交流，促进其创新自觉，激发其创新活力。最后，瞄准国际前沿科技，加快促进高精尖产业集群的发展，充分发挥规模化对创新的带动作用。

二、深化机制改革，提升创新文化主体的创新自觉

习近平总书记在2016年全国科技创新大会上提出，要进一步优

化符合科技创新规律的资源配置模式,着力改革科研经费使用与管理方式,倡导实行以充分地体现知识价值为导向的分配政策。习总书记的讲话为接下来的科研体制改革指明了方向,同时也为有利于创新的文化建设指明了方向。作为我国科技体制改革的先锋,中关村不仅要引领新一轮全国科研体制改革与科研经费管理创新,还要在创新文化体制建设上率先垂范,通过不断深化机制改革,大力提升创新文化主体的创新自觉性,从各个方面营造能够激发创新和鼓励创新的文化软环境。

尝试建立新型研究机构,进一步提升原始创新能力。我国在全球科技竞争中的话语权由原始创新的广度与深度决定。改革开放以来,我国科技创新能力不断提升,带动了综合国力的大幅提升。经验证明,我国想要掌握科技话语权,必然要加强原始创新,积极探索和突破"技术无人区",在更多领域实现并跑甚至领跑。此前,中关村的原始创新主体主要是高校和科研院所,近年来,北京、深圳等地涌现出一批极富生命力和科技创造力的新型科研机构。例如,北京生命科学研究所依靠自身实力,快速地实现了生命科学与生物医药领域的颠覆性创新,共计在《自然》《细胞》《科学》三大顶尖科学刊物上发表高水平论文40余篇,进入国内外同领域研究机构第一梯队。北京生命科学研究所之所以能取得如此成就,得益于其新型体制机制,国家对此类新型研究所加大了支持力度,变革了支持方式,使该研究所拥有人员聘用和经费使用自主权。将来,中关村要瞄准科技前沿,支持新型科研机构,用新的机制和模式激发原始创新,既要推动高校院所的传统科研模式创新,更应关注新型科研机构的新型科研模式,做到两种科研模式并驾齐驱,共担原始创新使命。

优化科研经费管理制度,使其更符合创新的内在规律。科研经费为科技创新提供基本支撑,科研经费管理的重要性不言而喻。因此,经费管理必须尊重科研活动特点与规律,必须充分地激发并保护科研人员的创造力。2019年的政府工作报告指出,必须要充分信任、充分尊重广大科研人员,给予创新团队以及团队领军人才更大的技术路线决定权与人财物支配权。提升基础研究项目的间接经费所占比重，设置项目经费使用"包干制"改革试点。这些新举措体现出对科技创新规律的尊重，为进一步深化科技体制改革指明了方向，而且非常有利于激发科研人员的积极性与创造性，有利于营造更加开放和包容的科研生态，有利于开创人才辈出、成果喷涌的创新发展局面。中关村在科研经费管理方面已经进行了许多积极的探索和尝试，取得了良好的效果。接下来，需要继续以"放管服"为总原则，推动科研经费管理改革向抓立项和结项、放开中间环节、"开前面，堵后门"、体现"智力报偿"的方向发展，明确各方的责、权、利，给创新团队以及团队领军人才的自主权利和合法权益提供有力的保障；还要加强各主管部门间的工作协同，加强科研项目的执行、主管和审计等部门的密切沟通，进一步强化政策与管理的协同性与互补性，汇聚为强大的改革合力。要进一步简化重大科技专项项目验收的流程，提高办事效率，深化并落实综合绩效评价专家组联合验收机制，尽快得出验收结论。同时，还要提升结余经费使用效益。

改革人才培养与人才评价机制，激发科研人员的创新活力。"创新之道，唯在得人。"不管是软实力还是硬实力，归根结底要靠人才实力。人才是创新活动中最核心、最重要的力量。在建设创新型国家、实现高质量经济发展的过程中，人才已经成为最重要的资源，使用好并评价好人才资源事关全局。习近平总书记说过："人才政策方面手脚还要放开一些。"为人才招引和使用指明了方向。北京市政府和中关村近年来在人才培养和评价方面做了大量的改革和尝试，包括率先开展人才职称评审改革，为加快引进企业紧缺的关键人才而建立人才破格引进通道试点，依靠社会化职称评价平台首先开通了教授级高级工程师与研究员系列职称评审"直通车"，等等。从创新文化建设角度看，还需要进一步做好以下工作。首先，鼓励顶尖人才引领的团队建设，并由对单人、单项的分散支持，转向对持续型、团队式的创新支持，要特别关注战略型科学家或者国际顶级人才领衔的创新团队。其次，要与国际惯例接轨，赋予新型研发机构充分的资源配置权，在运营管理及人员聘用等方面采用更加灵活的方式来大力挖掘科研团队的创新活力。最后，要尝试改进创新人才选拔及评价机制，打破常规的编制限制，灵活采用合同制、动态考核以及末位淘汰制等已经被证明有明显成效的企业化管理方式，大胆任用具有创新能力和创新胆识的年轻人，选拔出真正站在国际学科前沿的领军人才。

三、加强环境建设，完善以创新为中心的服务体系

要确保创新文化健康发展，就必须重视创新文化环境建设。在创新文化环境建设方面，中关村一直走在全国前列。全力营造有利于创新文化发展的生态环境，是中关村的发展特色之一。将来，围绕创新文化建设，中关村需主要从强化以创新为中心的服务体系建设、完善培育人才创新精神的长效机制和打造有利于创新创业的"雨林生态"三个方面，继续推进包容多元、服务完备、充满活力的创新创业生态建设，形成激励创新的市场环境和制度体系，不断吸引世界一流人才、企业、资本和机构等创新资源汇聚、交融、碰撞、流动。2016年5月30日，习近平总书记在中国"科技三会"上指出，创新是一个系统性工程，必须进行全面部署，并坚定不移地推进。同时，需要从全局考虑有利于创新的文化建设，注重创新文化建设的系统性、协同性和整体性。其中，强调以创新为中心的服务体系建设，形成整体的尊重创新的文化氛围，对标硅谷等国际先进的创新文化建设，形成全方位的"软硬环境无差异，国际合作无障碍"创新创业生态体系。创新服务生态化是中关村非常显著的特征，可以说，中关村既是中国科技创新的策源地，同时也是全国科技创新和服务生态建设的榜样。中关村在创新文化环境营造方面，应以政府为主导，同时兼顾发挥新兴服务型企业与国有企业的补充作用，围绕创新共同全面强化立体服务体系建设。

充分发挥政府主导作用，不断优化"大众创业、万众创新"服务体系。中关村地区有我国的许多顶级高校，每年有大量毕业生加入创新创业大军。对创业者来说，"双创"服务体系的质量，直接影响

新生代创业者的创业结果。近五年来，中关村针对"大众创业、万众创新"的服务体系一直在不断完善，已经完成了由大学科技园、创新型孵化器与特色产业孵化平台组成的创业服务体系建设，建成了以中关村智造大街、"回+"双创社区、中关村创业大街为代表的创新创业集聚区。接下来，需要从以下几个方面继续优化双创服务体系，为创新文化发展营造良好的环境基础。首先，要为领军企业与富有潜力的企业提供精准的服务，继续深入实施"十百千工程""领航计划""瞪羚计划""展翼计划""金种子工程"等企业培育计划，挖掘和培育领军企业和潜力企业，培育和扶持创新文化主体。其次，围绕智能制造等高科技企业，从研发、设计到生产、推广的所有环节，为其提供"一站式精准化服务"，打造包含工业设计、科技服务、技术研发、检测认证、小批量试制和市场推广等多层次服务在内的服务链条，为企业的创新创业提供全方位帮助，为创新文化发展提供完备的制度性保障。

兼具培养企业补充作用，培育形成企业服务与创新服务行业生态。毋庸置疑，企业是创新的主体，其本身处于市场之中，对市场和创新如何有效衔接最为了解。当然，也是提供企业服务与创新服务的重要来源。现在，中关村已经产生了一大批创新服务生态公司，如脉脉和优客工场等，它们从创业媒体、创业交流、创业培训、创业人际关系、投资路演、技术转移和法律服务等各个环节为企业提供服务，相互之间产生了越来越紧密的互动和连接。在中关村独角兽企业中，涌现出一批从事企业服务和创新服务的公司，它们是中关村创新生态最大的受益者，也是中关村创新生态的补充者。接下来，依托海淀区在科技服务业方面的基础，中关村将在科技金融、创业服务、技术转移、标准化服务以及知识产权服务等领域，重点培养一批商业模式新、市场化运作能力强和国际知名度高的企业，形成企业服务与创新服务的行业生态，为推动区域创新文化的发展营造良好的生态环境。

继续深化"政府+市场"模式探索，不断完善"创新共治"体制机制建设。在社会主义市场经济条件下，政府与市场都是推动科技创新与科技进步的不可或缺的重要力量。回顾中关村的发展历史，有一个非常鲜明的特色，即政府与市场良性互动、创新共治，合力促进创新创业。在"创新共治"环境下，中关村发展集团应运而生，这是市委、市政府运用市场化手段进行创新资源配置的体制机制探索。中关村发展集团成立于2010年，它以"整合资源、搭建平台、引领发展"为目标，兼具产业投资、科技金融和园区发展三大核心功能。中关村发展集团成立的初衷，就是担负起服务创新发展的使命。近年来，更是围绕构建富有吸引力的创新生态频频发力。接下来，中关村要以发展集团为主阵地，继续深化"政府+市场"模式，视双创主体为财富，坚持以双创主体为中心，为双创主体赋能；围绕原始创新、产业孵化、规模化发展再到资本市场放大的整个生命周期，搭建起以科技产业为核心、股权投资为资本纽带、园区运营为空间载体、专业科技服务为连接支撑、科技金融为增信放大的立体生态服务体系；为企业家、科学家提供从实验室到市场，从企业注册到上市融资的全链条、专业化、一站式服务，在促进创新型企业快速成长的同时，获得企业自身价值的增长，打造出国际一流的创新生态集成服务模式。

第三节　持续促进多种文化深度融合，提升创新软实力

纵观世界文化发展历史，任何一种影响久远的文化从来都不是孤立和封闭的，其随时代发展而不断壮大的顽强的生命力，来自与时俱进的自我更新和对其他文化兼容并包的吸收与消化。中关村创新文化的形成和发展，以及基于中国文化自信而设定的长远目标，都与这一文化发展原理不谋而合。改革开放40多年来，中关村凭借"唯变不变"的睿智和海纳百川的胸怀，开拓进取，迎接挑战，从自发形成到主动推进，从承接合作到主动布局，由技术输出发展到服务与管理输出，经历了一个由小到大、由弱到强、由北京到全国、由全国进军世界舞台的发展过程。在中关村跨越式的发展过程中，离不开与时俱进、开放包容的发展理念和创新文化的引导与滋养。在新的国际形势下，中国科技发展面临新的机遇和新的挑战，中关村将以更加开放的姿态融入全球创新网络中，吸收和借鉴多种文化，通过更为密切的国内国际合作，不断丰富中关村创新文化的内涵，促进创新文化多元发展。同时，还将通过创新文化整体构建与输出，力争使中关村成为一个世界性的创新窗口。

一、完善网络，推进创新主体间文化相结合

进一步完善创新网络是促进区域内多文化融合、营造良好的创新文化软环境的关键环节。创新网络不仅有助于增强创新主体之间的互动，加速创新要素流动和产业集群化生态发展，还能在此基础上带动产业架构优化升级，加快园区高端化产业生态发展，还可以优化创新创业环境，促进创业孵化产业生态发展。从中关村的发展历史我们可以看到，中关村的科技创新网络经历了从无到有、从初级到高级的跨越，在强化园区创新能力、优化园区科技产业生态环境方面发挥了重要作用。正是因为中关村为创新创业提供了理想的生态环境，中关村

才成为国家自主创新的排头兵,同时,国家自主创新示范区的建设又对中关村区域创新网络的建构提出了新的要求,同时也提供了新的发展机遇。接下来,需从有助于创新的产业生态链、产业联盟发展等方面入手,进一步健全中关村创新网络,为创新主体间文化的深度融合提供支撑。

推进企业创新文化网络建设,持续完善中关村创新生态雨林。创新文化的主体主要是企业,企业创新文化网络的构筑已经是中关村创新文化建设中的重要一环。近年来,中关村将处于产业链上中下游的企业、金融机构、咨询公司和会计师事务所等各类机构,以市场为导向进行组合,通过业务网络的构建逐步形成联系紧密的创新文化网络,为中关村的创新生态雨林建设奠定了非常坚实的基础。接下来,中关村需从以下几方面继续推进企业创新网络建设。第一,着眼于重大原始创新,围绕核心技术企业,集聚创新要素,完善产业链条,持续支持关键核心技术突破和开放企业平台建设。第二,加大前端技术开发企业与后端技术应用企业的交流合作,搭建新技术、新产品验证、展示和推广平台。第三,通过主题项目合作、空间共享、人才交流等方式,加强企业间的信息共享与协同创新,不断地激发各个创新主体的活力,促进中关村科学城"创新生态雨林"升级,推进中关村科学城创新发展。

加强产业联盟建设,发挥产业联盟在创新文化中的纽带与桥梁作用。作为推动区域创新网络的中坚力量,产业联盟本质上是以企业为主体,联合其他各类市场主体广泛参与,并把契约关系作为纽带,利用创新要素的优化组合与资源共享,围绕国家战略性产业关键的共性技术以提升竞争力为目的搭建起的重要企业交流合作平台。经过将近十年的不断发展,中关村已经有了近百家产业联盟,其中包括长风联盟、出口软件联盟、下一代互联网联盟等多个市场合作联盟,还有以专门制定行业标准为基本业务的闪联、AVS产业联盟和TD-SCDMA联盟等。这些产业联盟联合了区域内外的大批创新资源,丰富和强化了中关村的区域创新网络,提高了中关村的区域创新能力。接下来,首先要继续发挥产业联盟在中关村创新文化中的纽带和桥梁作用，在特色优势产业，尤其是战略性新兴产业领域，指引和帮助一批产业技术联盟发展壮大，强化自主创新与原始创新的凝聚力。同时，通过产业联盟联合行业领军企业和新兴技术企业共同参与标准制定，围绕行业关键共性技术联合研发创新，促进国际交流与发展。

二、协同创新，带动全国创新文化融合发展

改革开放以来，中关村不断从技术创新、制度创新与文化创新等各个层面，大力推进高新技术园区的建设和发展，在全国范围内树立了技术、经济、文化等全面均衡发展的典范。中关村还充分发挥示范引领作用，携手各地政府推进跨区域合作，促进资源集聚共享与产业转移，辐射带动全国范围的创新发展。近几年，中关村抓住机遇，在雄安新区等地区建设了二十多个合作科技园或者成果转化基地，把"1+6"系列政策、科技创新企业投贷联动10条等二十多项试点政策推行到全国。中关村作为中国技术创新的源头，其企业总部、研发、制造分离的发展模式，辐射带动了一大批新型企业园区的发展。遍布全国的中关村分支机构，不仅带来了技术、模式创新，还带来了制度创新。接下来，中关村要继续加强与京津冀地区乃至全国的协同创新，加强创新文化输出，带动全国创新文化的融合与发展。

构筑京津冀区域创新共同体，培育形成区域创新文化。现在，中关村正在加快构造形成京津冀协同创新格局，从各个方面支持河北雄安新区建设，并着重落实同河北省签订的战略性合作协议，加快推进雄安新区中关村科技园的建设。北京将借助全国首创的"中关村创新创业生态系统"与新型尖端研发机构的组建，不断加强对津冀两地的辐射带动作用；天津与河北则借鉴中关村发展模式，挖掘和强化各自区域优势。三地协同创新共同体的建设正在稳步推进。要建设形成京津冀三地协同创新共同体，并且打造引领全国同时辐射周边的创新文化发展高地，需要从以下几个方面着手。其一，稳步推进京津冀协同创新共同体建设中有关体制机制的改革，利用体制机制的协同推进创

新文化的协同。其二,建设并充实创新平台内容,通过建立"4+N"的产业合作格局,带动京津冀产业链、资金链、创新链和服务链的形成。其三,建构大区域一体化的创新创业生态系统。促进区域内各类创新要素、创新主体的融合与互动,引导各类优质创业孵化平台和科技金融等创新服务系统落户雄安新区,锻造一批高品质的创新创业载体,把服务于国家战略的重大科研平台同雄安新区的发展结合起来,开展区域性协调布局,优化区域性创新创业环境。加强有利于创新的系统建设与环境建设,为京津冀三位一体的创新文化建设奠定良好的环境基础。

推进全国创新网络建设,辐射带动全国的创新文化发展。中关村现在已经在内部形成了节点非常密集的区域化创新网络,又通过技术与产品的辐射以及企业组织的渗透拓展,将创新网络延伸到了全国各地。目前,中关村已经同全国17个省区市协同共建园区达87个,中关村的企业在北京之外设立的分支机构也超过了1.2万个。充分利用协同共建合作园区和科技成果转化基地,中关村将"创新基因"复制到了河北雄安新区、黑龙江哈尔滨、内蒙古乌兰察布、四川什邡、贵州贵阳、广东佛山和西藏拉萨等地区,实现了技术输出、品牌输出和政策输出。中关村已经成为中国技术创新的源头。遍布全国的中关村分支机构,带来了包括技术、模式和制度创新在内的全方位的辐射与引领。近5年来,中关村有20多项试点政策推广到全国甚至其他国家的自主创新示范区,一批京外区域的科技企业纷纷将研发中心与总部迁至中关村。如华为、腾讯、浪潮等企业在中关村均设有研究院,阿里巴巴的达摩院也落户中关村。接下来,要利用共建园区、科技成果转化与协同创新等方式,继续推动中关村同全国各省市开展深度合作,将中关村的创新文化理念、创新模式以及有利于创新文化发展的制度在全国范围内不断推广。要鼓励更多的创新型企业与中关村开展合作,让各地优秀的创新文化基因在中关村交汇、融合,丰富和推动中关村创新文化发展。

三、开放共赢，加强国际创新文化交流协作

中关村的区域创新网络遍布全国，同时也是全球创新网络的重要组成部分。随着以企业为主体的创新体系建设持续加强，中关村创新网络从开始的技术成果辐射全国，发展到现在的前沿创新影响世界，早已经超越了其地理定义，成了全球创新网络中的一个不可或缺的重要节点。如今，中关村同欧洲、日本以及美国的主要高新技术产业和市场之间，已经建立了非常紧密的连接，并作为首批成员进入了亚太科技园网络。在世界创新版图上，美国的硅谷、中国的中关村、中东的以色列是汇聚全球优质创新创业资源的创新中心，是以创新创业为特征的三大尖峰。中关村需要凭借在全国创新网络中的领导地位，继续保持开放、共赢的态势，从全球创新网络建设、人才高地建设和"一带一路"建设三个方面着手，继续加强同国际创新文化的交流与协作，进一步推动中关村创新文化向国际化迈进。

布局多节点国际创新网络，融入全球创新文化大系统。中关村企业以全球视野谋求创新，立足全球前沿技术创新，通过在海外设立研发中心、与境外科研机构开展研发合作等方式，在全球活跃的创新区域加快布局，主动链接世界创新资源，形成了多节点的国际创新网络。中关村不断尝试寻求国际化研发合作渠道，技术合作层级持续提高。300多家跨国公司的地区总部和研发中心汇聚中关村，美国Plug&Play和以色列Trendline等世界著名创业服务机构也都已落户中关村。同时，中关村也积极"走出去"，中关村的700家企业在国外设置了分支机构，与国际著名企业与创业服务机构建立了合作关系。通过积极融入全球创新网络，中关村也将创新文化融入全球创新文化体系，在对国际先进的创新文化加以吸收和借鉴的同时，将中关村创新精神和文化通过创新网络传播到世界各地。接下来，要通过政府引导等方式鼓励企业开展国际创新合作，在合作中促进文化交融。通过各项优惠政策，吸引更多的国际高新技术企业落户中关村，将国外的创新文化引进来。搭建平台、拓宽渠道，让更多的企业走出去，与国际知名大学和研究机构等联合创办研究机构，协同开发科研项目，加

速中关村创新文化同全球创新体系的交流与融合。

打造全球创新人才高地，促进多元创新文化汇聚交融。当前，中关村已经构筑起覆盖全球重点国家和地区的海外人才联系网络。从2000年开始，由北京市政府批准，中关村管委会先后在硅谷、华盛顿、多伦多、伦敦、东京、慕尼黑、悉尼、赫尔辛基以及我国台湾地区等地设立了中关村海外联络机构。中关村的开放姿态与良好的创新生态，也吸引着越来越多的留学归国人员与外籍人才。中关村的留学归国人员已经达到了4万多人，外籍从业人员也超过了1万人。中关村的国际青年创业平台于2019年4月正式启动后，立刻吸引了来自美国、韩国、俄罗斯、瑞典、英国、丹麦、西班牙等国家的十数支创业团队，着重聚焦工业4.0、人工智能和智能电动车等硬科技领域的研发。2017年，中关村的"一带一路"产业促进会发起"藤蔓计划"，至今已吸纳了8000多名国际留学生和500多家中国企业参与进来，1000多名国际留学生获得在华实习机会。这些来自全世界的创新人才在中关村会聚，带来了不同背景、不同区域的创新文化，这些文化的交汇融合，将进一步丰富中关村的创新文化。

加快布局"一带一路"沿线建设，推动品牌与文化的国际化。随着"一带一路"建设的不断推进，中关村的企业凭借技术优势及品牌效应在沿线国家展开布局，不断开拓海外市场。中关村正从以往以产品国际化为主的拓展时期，迈向以品牌输出和创新文化国际化为主的新阶段。借助"一带一路"建设，中关村企业积极在海外建厂、设立生产基地，同时输出技术和品牌文化。例如，小米瞄准印度等新兴市场开启布局，与富士康在印度安得拉邦等地建立了三处制造工厂，目前，小米已成为印度最受欢迎的手机品牌。京东在韩国、美国、日本、新加坡、德国等国设立子公司，而后又成立了俄罗斯公司，实现了研发、生产的一体化。同时，中关村企业还利用海外并购等多种形式加快国际资源的整合。中关村企业的"一带一路"输出优势不再仅仅是成本优势，更多的是品牌背后的技术创新和文化创新优势。下一步，中关村应加速推进区域内企业的品牌建设和文化建设，将中关村独有的创新理念、创新精神和创新价值观融入企业的文化建设中,使更多优秀企业成为中关村创新文化的实践者与传播者。要通过政策引导,鼓励更多优秀企业同"一带一路"沿线国家开展合作,通过技术创新与品牌输出,不断推动中关村创新文化的国际化进程。

参考文献

［1］付艳.民国时期北京大学传承与创新中国传统文化研究（1922—1927）［D］.沈阳师范大学，2014.

［2］张欣悦.文化传承和创新是大学的神圣使命——访北京大学校长许智宏［J］.国际人才交流，2008（04）：28—29.

［3］李春英.论创新文化［D］.中国石油大学，2007.

［4］彭树堂.中关村电子一条街企业文化初探［J］.中国软科学，1989（03）：20—23.

［5］邓丽姝.浅析中关村的高校、院所文化和企业文化［J］.中国科技论坛，2004（02）：114—118.

［6］马仲良，许黛.中关村企业文化刍论［J］.北京行政学院学报，2003（03）：41—45.

［7］李建荣.中关村正在成为我国新经济的发动机［N］.科技日报，2016-10-12（004）.

［8］翟立新.中关村要当好北京建设全国科技创新中心的主要载体［J］.前线，2017（09）：72—75.

［9］国务院印发《北京加强全国科技创新中心建设总体方案》［J］.城市规划通讯，2016（18）：5.

［10］刘锦英.创新文化特征与企业创新绩效的实证研究——基于我国光电子产业的分析［J］.科技进步与对策，2010，27（13）：85—88.

［11］公茂虹.论中关村文化（上）［J］.中外企业文化，2001（01）：

13—15.

［12］公茂虹.论中关村文化（下）［J］.中外企业文化，2001（03）：14.

［13］闫傲霜.创新文化是中关村转型升级的内在动力［J］.北京人大，2020（05）：38—42.

［14］王德禄.中关村创新文化：创造人类美好的生活环境［J］.中关村，2018（07）：80.

［15］胡兰.文化与科技融合　创新与创意齐飞——中关村国家自主创新示范区文化创意产业巡礼［J］.中国高新区，2012（07）：105—109.

［16］赵慕兰.创新创业文化是中关村科技园区社会经济发展的精神动力［J］.中国高新区，2008（08）：26—28.

［17］关建.中关村海淀园举办"培育创新文化"研讨会［J］.中外企业文化，2007（02）：36.

［18］赵弘，常丰林，邓丽姝.构建中关村创新文化的设想［J］.中国创业投资与高科技，2003（03）：41—43.

［19］赵弘.制度与文化创新：中关村发展需要双轮驱动［J］.中国创业投资与高科技，2002（09）：50—52.

［20］李惠国.创新文化是科技创新的重要元素［N］.人民日报，2016-09-25.

［21］郑志峰.浅析硅谷高科技园区发展对我国科技产业管理的影响［J］.中国科技信息，2014（02）：151—152.

［22］周梅.硅谷地区创新文化的启迪［N］.中国计算机报，2016-07-25（014）.

［23］王泽强.从美国硅谷的优势看国内的科技园区建设［J］.安徽科技，2003（08）：44—47.

［24］陈翁翔，林喜庆.科技园区创新模式比较与启示——基于硅谷、新竹和筑波创新模式的分析［J］.中国行政管理，2009（10）：113—115.

［25］方晓霞.以色列的科技创新优势、经验及对我国的启示［J］.中国经贸导刊(中)，2019（02）：25—26.

［26］侯荣娜.借鉴印度班加罗尔成功模式加快辽宁服务外包业发展［J］.辽宁经济，2010（08）：44—45.

［27］唐礼智.硅谷模式的模仿与创新——以新竹和班加罗尔为例［J］.城市问题，2007（10）：91—95.

［28］严正.班加罗尔与印度的软件业［J］.福建师范大学学报(哲学社会科学版)，2002（03）：29—31+89.

［29］钟坚.台湾新竹科学工业园区的特色与启示［J］.深圳大学学报(人文社会科学版)，1997（04）：26—32.

［30］夏金文.台湾新竹科学工业园成功模式探寻［J］.中国高新区，2012（03）：124—125.

［31］李仁武.以创新文化建设助推战略性新兴产业发展——基于硅谷经验和广州实践的分析和思考［J］.探求，2018（02）：21—28.

［32］王志章，严方超.美国硅谷高新产业发展中的创新文化［J］.青海科技，2016（06）：68—71.

［33］严正.班加罗尔与印度的软件业［J］.福建师范大学学报(哲学社会科学版)，2002（03）：29—31+89.

［34］唐礼智.硅谷模式的模仿与创新——以新竹和班加罗尔为例［J］.城市问题，2007（10）：91—95.

［35］姚芳.硅谷、新竹发展模式之异同［J］.创新科技，2008（08）：22—23.

［36］杨忠泰，白菊玲.基于建设世界科技强国的我国建国70年创新文化演进脉络和战略进路［J］.科技管理研究，2020，40（09）：244—250.

［37］任福君.面向2035的中国创新文化与创新生态建设的几点思考［J］.中国科技论坛，2020（05）：1—3.

［38］王娜，王健.共享经济下企业战略导向的创新文化诉求与建构［J］.科技进步与对策，2020，37（08）：19—26.

[39]葛新权.贯彻新发展理念 营造创新文化[J].产业创新研究,2020(04):13—16.

[40]金伟林,王侦.创新文化引领企业高质量发展——基于海尔集团的案例分析[J].生产力研究,2020(01):128—131+161.

[41]王晓艳,宣雪莲.创新文化、政府支持与研发投入——基于京津冀上市公司的经验数据[J].会计之友,2019(23):28—33.

[42]崔媛.多主体协同共建的创新文化建设及特点[J].企业科技与发展,2019(10):142—143.

[43]杨刚,谢懿.中国情境下的创新文化研究:回顾、趋势与展望——基于CiteSpace的文献计量分析[J].贵州大学学报(社会科学版),2019,37(04):128—137.

[44]余洁洁,杨爱杰.新时代创新文化的培育研究[J].世纪桥,2019(05):62—63.

[45]张璟.论传承文化向创新文化的转换[J].教育现代化,2018,5(35):318—320.

[46]杨丽艳.如何培育创新文化[N].湖北日报,2018-08-11(007).

[47]张志强,乔怡迪,刘璇.中关村科技园区创新质量的时空集聚效应研究[J].科技进步与对策,2020,37(11):51—59.

[48]翟立新.中关村:从京郊小村到创新高地[J].前线,2019(07):17—19.

[49]范丹,张尔俊,肖思雨.高新技术企业海外投资的技术创新效应研究——以中关村科技园区为例[J].产业创新研究,2018(07):19—22.

[50]姚永玲,金海波.创新产业的空间网络与创新链——以中关村科技园区为例[J].产业创新研究,2017(01):10—17.

[51]蒋海军.科技园区推动区域协同创新研究——以中关村科技园区为例[J].中国特色社会主义研究,2016(03):36—41.

[52]隋广琳.中关村科技园区技术创新效率及影响因素实证研究

[D].中国矿业大学(北京),2016.

[53]张健,吴庆敏.中国的硅谷:中关村国家自主创新示范区[J].中国信息界,2013(04):40—43.

[54]贺明,夏恩君,刘伊雯.中关村科技园区高新技术企业技术创新模式研究[J].科技进步与对策,2010,27(03):9—11.

[55]柯小卫.当代北京中关村史话[M].北京:当代中国出版社,2012.4.

[56]中关村科技园区管理委员会.中关村园区创新发展30年大事记(1988—2017)[M].北京:北京出版社,2018:64.

[57]周尚意,孔翔,朱竑.文化地理学[M].北京:高等教育出版社,2004:2.

[58]王宏家.中关村科技园区企业自主创新研究,北京创新研究报告(2008)[M].北京:同心出版社,2008:209.

[59]徐鸿武,李敬德,文晓灵.中国式创新——道路与案例分析.[M].北京:国家行政学院出版社,2017:57.

[60]邓小平文选(第3卷)[M].北京:人民出版社,1993:372.

[61]七集大型纪录片《中关村》[Z].三多堂传媒公司,2018.

后　记

本书是北京市委宣传部组织编写的"北京文化书系·创新文化丛书"中的一本，由北京市社会科学院党组成员、副院长赵弘研究员主持，经济研究所所长杨松研究员、城市问题研究所所长陆小成研究员、城市问题研究所赵继敏研究员、管理研究所罗植副研究员、管理研究所董丽丽助理研究员等共同参与撰写。

本书的撰写要感谢北京市委宣传部、北京市社会科学院以及其他兄弟单位领导的指导和关心。感谢各位领导、专家、学者对本书研究提供的帮助！还要感谢北京出版社编辑对本书稿所做的修订、编辑、校对等工作。

书中引用和参考了许多专家学者的观点，一并表示感谢。有的引用或参考没有进行及时的注释，对可能存在的疏忽请专家批评和指正。由于水平和能力有限，不妥之处在所难免，也许还有部分观点值得进一步商榷和论证。敬请中关村发展、科技园区、创新文化等领域的研究专家、学者、读者提出批评意见或建议。

本书编写组